中国地図

凡例	
★	首都
●	省都
□	有名都市
〜	万里の長城

国名・地域
- 俄罗斯
- 朝鲜
- 韩国
- 东京 ★

省・自治区・直辖市
- 黑龙江省 Hēilóngjiāng Shěng
- 吉林省 Jílín Shěng
- 辽宁省 Liáoníng Shěng
- 内蒙古自治区 Nèiměnggǔ Zìzhìqū
- 北京市 Běijīng Shì
- 天津市 Tiānjīn Shì
- 河北省 Héběi Shěng
- 山西省 Shānxī Shěng
- 山东省 Shāndōng Shěng
- 河南省 Hénán Shěng
- 江苏省 Jiāngsū Shěng
- 安徽省 Ānhuī Shěng
- 湖北省 Húběi Shěng
- 浙江省 Zhèjiāng Shěng
- 江西省 Jiāngxī Shěng
- 湖南省 Húnán Shěng
- 福建省 Fújiàn Shěng
- 广东省 Guǎngdōng Shěng
- 台湾 Táiwān
- 上海市 Shànghǎi Shì

主要都市
- 哈尔滨 Hā'ěrbīn
- 长春 Chángchūn
- 沈阳 Shěnyáng
- 集安 Jí'ān
- 大连 Dàlián
- 呼和浩特 Hūhéhàotè
- 大同 Dàtóng
- 石家庄 Shíjiāzhuāng
- 太原 Tàiyuán
- 济南 Jǐnán
- 青岛 Qīngdǎo
- 洛阳 Luòyáng
- 郑州 Zhèngzhōu
- 合肥 Héféi
- 扬州 Yángzhōu
- 苏州 Sūzhōu
- 南京 Nánjīng
- 武汉 Wǔhàn
- 杭州 Hángzhōu
- 长沙 Chángshā
- 南昌 Nánchāng
- 福州 Fúzhōu
- 台北 Táiběi
- 厦门 Xiàmén
- 广州 Guǎngzhōu
- 深圳 Shēnzhèn
- 澳门 Àomén
- 香港 Xiānggǎng
- 海口 Hǎikǒu

海域
- 渤海
- 黄海
- 东海
- 南海

声に出して覚える！
やさしい中国語

船田 秀佳 著

駿河台出版社

表紙デザイン・本文イラスト：富田淳子

は じ め に

　小学校で英語が必修化されている時代に、もうひとつ外国語を勉強するのは、大学では当たり前の状況になってきました。

　それなら、日本語と漢字を共有している中国語を学んでみたいという思いに駆られるのも無理からぬことです。

　しかし、大学での授業回数は、年間でも多くて28回程度です。セメスター制を取る大学が多いという現状を考慮すると、半期約14回程度の授業回数で、ゼロから始めて如何に効率よく中国語を身につけたらよいのかを踏まえた上で、勉強に取りかかる必要があります。

　本書は、この点を熟慮して作成されています。中国語の全体像を摑むために、文法の知識を増やすのではなく、実際の使用頻度が高い表現を集中的に、対話文形式で覚えこむことを第一義に書かれています。

　分量は決して多くありませんが、練習問題に取り組むことによって、語彙力をつけながら、中国語の基礎力を着実に身につけることができるような構成になっています。

　学習の効果を最大限に引き出すために、CDを活用して、耳と口を使う音読によって、生の音を脳に流し込むようにしてください。

　音読の効果については、『脳を動かす言葉力』（成美堂）に、大脳生理学的な観点から説明しておきましたから、目を通していただけたらと思います。

　本書で勉強することによって、中国語を使ってコミュニケーションしたいと思う学生が増えることを期待しています。

　さらにいろいろな表現を知りたい方は、『鍛えチャイナ会話力！これを中国語でどう言うの？』（駿河台出版社）、『中国語通訳式勉強法』（国際語学社）が参考になるでしょう。

　また、グローバル語としての英語にも興味がある方は、『迷わず話せる英会話フレーズ集』（駿河台出版社）もあわせてお読みいただければと思います。

　最後に本書の出版には、井田洋二取締役社長、編集部の猪腰くるみさんに、また、中国語の校閲では陳浩先生に大変お世話になりました。ここに心からの感謝の意を述べたいと思います。

　　　　　　　　　　　　　　　　　　　　　　　　　　　　　　　　船田　秀佳

目次

はじめに……………………………………………………………………………… 3

発音編……………………………………………………………………………… 6
   1．声調　2．母音　[1］基本7母音　[2］複合母音　[3］鼻母音
   3．軽声　4．子音　◆有気音と無気音　◆そり舌音　5．アル化音
   6．声調変化　7．声調の組み合わせ　8．声調記号の付け方

第1课　　　　　　　　　　　　　　　　　　　　　　　　　　　　12
你好。
（こんにちは。）
1 人称代名詞　2 出会いの挨拶
3 形容詞述語文
4 "不太"＋形容詞：あまり…ではない

第2课　　　　　　　　　　　　　　　　　　　　　　　　　　　　20
您贵姓?
（お名前は何とおっしゃいますか？）
1 姓名の言い表し方　2 自己紹介の表現
3 "请"

第3课　　　　　　　　　　　　　　　　　　　　　　　　　　　　26
我是日本人。
（私は日本人です。）
1 "是"：…である　2 "是…的"：…なのです
3 "过"：…動詞の後に付き過去の経験を表す

第4课　　　　　　　　　　　　　　　　　　　　　　　　　　　　32
你是学生吗?
（あなたは大学生ですか？）
1 「こ・そ・あ・ど」の言い表し方(1)
2 "的"：…の　3 数字　4 "什么"：何、何の

第5课　　　　　　　　　　　　　　　　　　　　　　　　　　　　38
你家在哪儿?
（あなたの家はどこにありますか？）
1 "在"：ある、いる
2 「こ・そ・あ・ど」の言い表し方(2)
3 "有"：持つ、いる、ある　4 量詞

第6课　　　　　　　　　　　　　　　　　　　　　　　　　　　　44
我爸爸在银行工作。
（私の父は銀行に勤めています。）
1 "在"：…で　2 "还是"：それとも、あるいは　3 "想"：…したい

第7课　　　　　　　　　　　　　　　　　　　　　　　　　　　　50
你是哪年出生的?
（あなたは何年生まれですか？）
1 年月日の言い表し方
2 "是"の省略
3 年齢に関する表現

第8课　56

今天星期一。
（今日は月曜日です。）

1. 曜日の言い表し方
2. 時間の流れと年月日
3. 離合動詞
4. "可以"：…してもよい、…できる
5. 電話の表現

第9课　62

你每天早上几点起床？
（あなたは毎朝何時に起きますか？）

1. 時間の表現　2. 1日の動作
3. "坐"：乗る

第10课　68

你的爱好是什么？
（あなたの趣味は何ですか？）

1. "喜欢"：好きである
2. "得"：…するのが～である
3. 進行相の言い表し方
4. "打算"：…するつもりである
5. "打"：…する

第11课　74

你会说汉语吗？
（あなたは中国語を話せますか？）

1. "会"：…できる　2. 継続の言い表し方
3. 認知を表す動詞　4. 比較文の否定

第12课　80

这是菜单。
（こちらがメニューでございます。）

1. 注文の表現　2. 中華料理の主要メニュー
3. 食事に関する表現

第13课　86

您要买什么？
（何をお求めですか？）

1. "要"：…したい、…しなければならない
2. 色彩語　3. "一点儿"：ちょっと、少し
4. "太…了"：…すぎる、かなり…である
5. 通貨単位

索引 …… 93

発 音 編

1　声調

　声調とは漢字ひとつひとつにある、声の上げ下げの調子のことである。基本的には4種類あり、四声とも言われている。

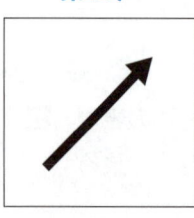

第1声	第2声	第3声	第4声
→	↗	∨	↘
高く平ら	急に上昇	出だしは低く徐々に上昇	一気に下降
mā	má	mǎ	mà
妈	麻	马	骂

● a の上に付いている［ ‾ ˊ ˇ ˋ ］を声調記号と言う。

2　母音

［1］　基本7母音

◇　単母音

a　　　：口を大きく開けて《ア》
o　　　：唇を丸めて《オ》
e　　　：唇を左右に引き《エ》の状態で《オ》
i (yi)　：唇を左右に引き力を入れて《イ》
u (wu)　：唇を丸めて突き出して《ウ》
ü (yu)　：唇をすぼめて《ユ》の状態で《イ》
er　　　：舌をそりあげて《アール》

●（　　　）は前に子音が来ないときの綴り。
●アルファベットと声調記号を合わせた発音記号をピンインと言う。

＜発音練習＞

(1)　ā　á　ǎ　à　　(2)　ō　ó　ǒ　ò
(3)　ē　é　ě　è　　(4)　ī　í　ǐ　ì
(5)　ū　ú　ǔ　ù　　(6)　ǖ　ǘ　ǚ　ǜ
(7)　ēr　ér　ěr　èr

<チェックドリル①>
　CDを聞きピンインを書きなさい。
　(1)＿＿＿＿＿　(2)＿＿＿＿＿　(3)＿＿＿＿＿　(4)＿＿＿＿＿
　(5)＿＿＿＿＿　(6)＿＿＿＿＿　(7)＿＿＿＿＿　(8)＿＿＿＿＿

[2] 複合母音

複合母音とは、単母音が連続しているものである。単母音の途中で切れることなく後ろの音に移行するのが発音のポイント。

◇ 二重母音
(1) ai　(2) ei　(3) ao　(4) ou　(5) ia (ya)
(6) ie (ye)　(7) ua (wa)　(8) uo (wo)　(9) üe (yue)

◇ 三重母音
(1) iao (yao)　(2) iou (you)
(3) uai (wai)　(4) uei (wei)

● (　) は前に子音が来ないときの綴り。

<チェックドリル②>
　CDを聞きピンインを書きなさい。
　(1)＿＿＿＿＿　(2)＿＿＿＿＿　(3)＿＿＿＿＿　(4)＿＿＿＿＿
　(5)＿＿＿＿＿　(6)＿＿＿＿＿　(7)＿＿＿＿＿　(8)＿＿＿＿＿

[3] 鼻母音

鼻母音とは、母音のあとに "n" "ng" を伴ったものである。発音のコツは以下の通り。

◆ n：舌先を上の歯茎に押しあてたまま鼻から息を抜く。日本語の「案内」の《ン》の感じ。
(1) an　(2) en　(3) ian (yan)　(4) in (yin)
(5) uan (wan)　(6) uen (wen)　(7) ün (yun)
(8) üan (yuan)

◆ ng：舌は持ち上げず奥で響かせて鼻から息を抜く。日本語の「案外」の《ン》の感じ。
(1) ang　(2) eng　(3) iang (yang)　(4) ing (ying)
(5) uang (wang)　(6) ueng (weng)　(7) ong
(8) iong (yong)

● (　) は前に子音が来ないときの綴り。
● uen の前に子音があるときは、un となる。

<チェックドリル③>
CDを聞きピンインを書きなさい。

(1)＿＿＿＿＿　　(2)＿＿＿＿＿　　(3)＿＿＿＿＿　　(4)＿＿＿＿＿
(5)＿＿＿＿＿　　(6)＿＿＿＿＿　　(7)＿＿＿＿＿　　(8)＿＿＿＿＿

3　軽声

軽く添える感じで短く発音される音があり、軽声と呼ばれている。軽声には声調記号は付けられない。

　　　第1声＋軽声：māma　　妈妈
　　　第2声＋軽声：zánmen　咱们
　　　第3声＋軽声：jiǎozi　　饺子
　　　第4声＋軽声：dìdi　　　弟弟

4　子音

子音とは母音以外の音の総称であるが、唇、歯、舌などの発音器官によって、破裂、摩擦、閉鎖などの現象が生じる。

中国語の音節(母音を中心に前後に区切りがあると認知できる音の単位)は、21あり、子音、母音、声調から成り立っている。

	破裂音		破擦音		摩擦音	鼻音	側音
	無気音	有気音	無気音	有気音			
両唇音	b (o)	p (o)				m (o)	
唇歯音					f (o)		
舌尖音	d (e)	t (e)				n (e)	l (e)
舌根音	g (e)	k (e)			h (e)		
舌面音			j (i)	q (i)	x (i)		
そり舌音			zh (i)	ch (i)	sh (i)　r (i)		
舌歯音			z (i)	c (i)	s (i)		

◆ 有気音と無気音

　有気音は息をためておいて、一気に破裂させながら吐き出すように発音する。英語の"pen"、"time"、"kite"を発音するときと同じ感じである。

　一方、無気音は息を強く吐き出さないで発音する。多くの日本人が、これら3語の英単語を発音するとき、無気音で発音していることからも、日本語でごく普通におこなっている息の出し方である。

＜発音練習＞

無気音	有気音
bǎo	pǎo
dài	tài
gē	kē
jiě	qiě
zhè	chè
zǎo	cǎo

◆ そり舌音

　そり舌音は、文字通り舌をそり上げて発音する。

　zh (i)：舌をそり上げ、上の歯茎の裏側に押しあてて無気音で発音する。
　ch (i)：舌をそり上げ、上の歯茎の裏側に押しあてて有気音で発音する。
　sh (i)：舌をそり上げ、上の歯茎に近づけ隙間から息を出し発音する。
　r (i)：舌をそり上げ、上の歯茎に近づけ隙間から濁音を出す感じで発音する。

＜チェックドリル④＞

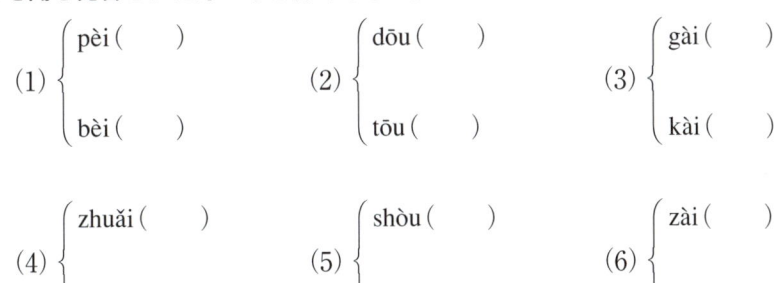

(A) CDを聞き発音された方に○を付けなさい。

(1) { pèi (　)　bèi (　) }　(2) { dōu (　)　tōu (　) }　(3) { gài (　)　kài (　) }

(4) { zhuǎi (　)　chuǎi (　) }　(5) { shòu (　)　ròu (　) }　(6) { zài (　)　cài (　) }

(B) CDを聞きピンインを書きなさい。

(1)_____　(2)_____　(3)_____　(4)_____
(5)_____　(6)_____　(7)_____　(8)_____

5　アル化音

そり舌音の r が他の音と結びついたものは r 化音と呼ばれている。
　　猫儿 māor：猫　　这儿 zhèr：ここ　　玩儿 wánr：遊ぶ　　孩儿 háir：子供
●r の前にある i、n は発音されない。

6　声調変化

２つの音節が連続している語や表現は、表記されている声調と実際の声調が異なる場合があるが、これは声調変化が起きるためである。ただし、声調変化が生じても声調記号はそのままである。

1　第３声の声調変化
　　第３声＋第３声　⇒　第２声＋第３声
　　　你 好 Nǐ hǎo　⇒　你 好 Ní hǎo
　　　打扫　dǎsǎo　⇒　打扫　dásǎo

2　"不"の声調変化
　　"不"（bù）＋第４声　⇒　bù＋第４声
　◇"不"（bù）の後ろに第４声が続くと、第４声の（bù）は、第２声の（bú）として発音される。ただし、第１声、第２声、第３声が続いても変化しない。
　　　不 累 bù lèi　⇒　bú lèi
　　　不 是 bù shì　⇒　bú shì

3　"一"の声調変化
　　"一"（yī）＋第４声/軽声　　⇒　yí＋第４声/軽声
　　　一 件 yī jiàn　⇒　yí jiàn
　　　一 个 yī ge　⇒　yí ge

　　"一"（yī）＋第１、２、３声　⇒　"一"（yì）＋第１、２、３声
　　　一 天 yī tiān　⇒　yì tiān
　　　一 年 yī nián　⇒　yì nián
　　　一 碗 yī wǎn　⇒　yì wǎn

　◇"一"が序数や基数のときは、第１声のままで変化しない。
　　　第 一 次 dì yī cì　　一月 yīyuè　　一九八一 yījiǔbāyī

7　声調の組み合わせ

声調の組み合わせパターンは次の20通りになる。

	1声	2声	3声	4声	軽声
1声	cānjiā 参加 (参加する)	ānquán 安全 (安全)	fāngfǎ 方法 (方法)	gōngzuò 工作 (仕事)	xiūxi 休息 (休む)
2声	chénggōng 成功 (成功する)	qiánnián 前年 (おととし)	niúnǎi 牛奶 (牛乳)	báicài 白菜 (白菜)	míngzi 名字 (名前)
3声	shǒudū 首都 (首都)	bǎochí 保持 (保持する)	yǔsǎn 雨伞 (傘)	cǎisè 彩色 (カラーの)	mǔqin 母亲 (母)
4声	dàshēng 大声 (大声)	nèiróng 内容 (内容)	dàibiǎo 代表 (代表)	sànbù 散步 (散歩する)	dàoli 道理 (道理)

8　声調記号の付け方

声調記号は次のルールに従って付けられる。

1．a があれば a に付ける。gāo、hái
2．a がないときは、e、o に付ける。kěn、duō
3．i、u が並列するときは、qiú、duì のように後ろの音に付ける。
4．i に付けるときは、上の点（・）を取って、ī、í、ǐ、ì のように付ける。

＜チェックドリル⑤＞

CDを聞きピンインを書きなさい。

(1)　音响：ステレオ＿＿＿＿＿＿＿＿　　(2)　脸颊：ほお＿＿＿＿＿＿＿＿＿＿
(3)　瀑布：滝＿＿＿＿＿＿＿＿＿＿＿　(4)　灯台：灯台＿＿＿＿＿＿＿＿＿＿
(5)　吸尘器：掃除機＿＿＿＿＿＿＿＿　(6)　蒲公英：タンポポ＿＿＿＿＿＿＿
(7)　榨菜：ザーサイ＿＿＿＿＿＿＿＿　(8)　天妇罗：てんぷら＿＿＿＿＿＿＿
(9)　通心粉：マカロニ＿＿＿＿＿＿＿　(10)　柠檬：レモン＿＿＿＿＿＿＿＿＿
(11)　伦敦：ロンドン＿＿＿＿＿＿＿＿　(12)　橄榄球：ラグビー＿＿＿＿＿＿＿
(13)　晚霞：夕焼け＿＿＿＿＿＿＿＿＿　(14)　切纸机：シュレッダー＿＿＿＿＿
(15)　遣唐使：遣唐使＿＿＿＿＿＿＿＿

第1课 你好。こんにちは。
Dì yī kè　　Nǐ hǎo.

対話文 ①

1. A：你 好。
   　　Nǐ hǎo.

   B：你 好。
   　　Nǐ hǎo.

2. A：再见。
   　　Zàijiàn.

   B：再见。
   　　Zàijiàn.

3. A：回头 见。
   　　Huítóu jiàn.

   B：回头 见。
   　　Huítóu jiàn.

4. A：明天 见。
   　　Míngtiān jiàn.

   B：明天 见。
   　　Míngtiān jiàn.

5. A：上海 见。
   　　Shànghǎi jiàn.

   B：好，上海 见。
   　　Hǎo, Shànghǎi jiàn.

6. A：谢谢。
   　　Xièxie.

   B：不 谢。
   　　Bú xiè.

7. A：谢谢 你。
   　　Xièxie nǐ.

   B：不 客气。
   　　Bú kèqi.

8. A：对不起。
   　　Duìbuqǐ.

   B：没 关系。
   　　Méi guānxi.

音読チェック ✔ ☐☐☐☐☐

新出語句

◆ピンインを書き入れ、声に出してみよう。

対話文①　　音読チェック✓

你 [　　]	あなた
好 [　　]	よい、元気である
你好 [　　]	こんにちは
再见 [　　]	さようなら
回头 [　　]	しばらくして
见 [　　]	会う
明天 [　　]	明日
上海 [　　]	上海
谢谢 [　　]	感謝する
不 [　　,　　]	…ではない
谢 [　　]	感謝する
客气 [　　]	遠慮する
对不起 [　　]	すまないと思う、すみません
没 [　　]	…ではない
关系 [　　]	関係

24 対話文 ②

A：你 好 吗?
　　Nǐ　hǎo　ma?

B：我 很 好，谢谢。
　　Wǒ　hěn　hǎo,　xièxie.

A：你 最近 忙 吗?
　　Nǐ　zuìjìn　máng　ma?

B：我 最近 非常 忙。 工作 很 紧张。你 呢?
　　Wǒ　zuìjìn　fēicháng　máng.　Gōngzuò hěn jǐnzhāng. Nǐ ne?

A：我 不 太 忙。
　　Wǒ　bú　tài　máng.

音読チェック ✔ ☐☐☐☐☐

25 対話文②

		音読チェック✔
吗 [　　　]	…か	☐☐☐☐☐
我 [　　　]	私	☐☐☐☐☐
很 [　　　]	とても、大変	☐☐☐☐☐
最近 [　　　]	最近	☐☐☐☐☐
忙 [　　　]	忙しい	☐☐☐☐☐
非常 [　　　]	非常に、大変	☐☐☐☐☐
工作 [　　　]	仕事	☐☐☐☐☐
紧张 [　　　]	忙しい	☐☐☐☐☐
呢 [　　　]	…は？	☐☐☐☐☐
不 太 [　　　]	あまり…ではない	☐☐☐☐☐

チェックポイント

1. 人称代名詞

	単数	複数
1人称	我 wǒmen	我们 wǒmen 咱们 zánmen
2人称	你 nǐ 您 nín	你们 nǐmen
3人称	他 tā 她 tā 它 tā	他们 tāmen 她们 tāmen 它们 tāmen
疑問詞	谁 shéi（shuí）	谁 shéi（shuí）

★ "您"は"你"の敬称。ただし、"您们"という言い方はない。
★ "咱们"は聞き手を含めた「私たち」

2. 出会いの挨拶

● 你 好。Nǐ hǎo.：「おはよう」「こんばんは」初対面でも知り合いにも使える表現。複数の相手には、你们 好。Nǐmen hǎo.

● 早。Zǎo. 你 早。Nǐ zǎo. 早上 好。Zǎoshang hǎo. ＊早：早い
下午 好。Xiàwǔ hǎo. 晚上 好。Wǎnshang hǎo.

＊早上：朝 ＊下午：午後 ＊晚上：夜

3. 形容詞述語文（人や物の属性を表す文）

① 肯定文：S＋很＋形容詞 〈Sは（とても）…である〉

(1) 今天 很 热。Jīntiān hěn rè.　　　＊今天：今日　＊热：暑い
(2) 他 很 忙。Tā hěn máng.

★ "很" は強勢を置いて発音されないと「とても」という意味は持たず、かざりとして機能。

② 否定文：S＋不＋形容詞 〈Sは…ではない〉

(1) 今天 不 热。Jīntiān bú rè.
(2) 他 不 忙。 Tā bù máng.

③ 疑問文：S＋形容詞＋吗？〈Sは…ですか〉

(1) 今天 热 吗？ Jīntiān rè ma?
(2) 他 忙 吗？ Tā máng ma?

★ 今天 热 不 热？Jīntiān rè bu rè?　他 忙 不 忙？Tā máng bu máng? の反復疑問文の形もある。

4. "不 太"（bú tài）＋形容詞：あまり…ではない

(1) 英语 不 太 难。Yīngyǔ bú tài nán.　　　＊英语：英語
(2) 天气 不 太 好。Tiānqì bú tài hǎo.　　　＊天气：天気

練習問題

26 1．声に出して置き換え練習をしてみよう。

(1) 今天 很 热。

| 冷　lěng：寒い |
| 凉快　liǎngkuai：涼しい |
| 闷热　mēnrè：蒸し暑い |
| 暖和　nuǎnhuo：暖かい |

音読チェック✓ ☐☐☐☐☐

(2) 她 很 忙。

| 开朗　kāilǎng：おおらかである |
| 老实　lǎoshi：おとなしい |
| 认真　rènzhēn：真面目である |
| 漂亮　piàoliang：きれいである |
| 高兴　gāoxìng：うれしい |

音読チェック✓ ☐☐☐☐☐

27 2．CDを聞いて文を書き取り、ピンインを付けなさい。

(1) ありがとうございます、私は元気です。

_____

(2) 今日は蒸し暑くありません。

_____

(3) 彼は真面目ですか。

_____

(4) 私たちはあまり忙しくありません。

_____

(5) 彼女たちはとてもきれいです。

_____

3．ピンインを漢字にし、日本語にしなさい。

(1) Nǐmen hǎo.
　　_____

(2) Nǐ zuìjìn máng bu máng?
　　_____

(3) Wǒ bù gāoxìng.
　　_____

(4) Jīntiān bù lěng bú rè.
　　_____

(5) Tāmen fēicháng kāilǎng.
　　_____

4．語句を並べ替え文を作ったあとピンインを付け日本語にしなさい。

(1) 吗，紧张，工作，?
　　_____

(2) 不，英语，难
　　_____

(3) 很，老实，他们
　　_____

(4) 不，冷，冷，今天，?
　　_____

(5) 最近，她们，好，很
　　_____

第 2 课 您 贵姓？ お名前は何とおっしゃいますか？
Dì èr kè　　　　Nín guì xìng?

対話文 ①　28

A：你 好。
　　Nǐ hǎo.

B：你 好。
　　Nǐ hǎo.

A：请问， 您 贵姓？
　　Qǐngwèn, nín guìxìng?

B：我 姓 青木。 你 呢？
　　Wǒ xìng Qīngmù. Nǐ ne?

A：我 姓 张。 认识 你，我 很 高兴。
　　Wǒ xìng Zhāng. Rènshi nǐ, wǒ hěn gāoxìng.

B：认识 你，我 也 很 高兴。
　　Rènshi nǐ, wǒ yě hěn gāoxìng.

音読チェック✔ ☐☐☐☐☐

対話文 ②　29

A：你 叫 什么 名字？
　　Nǐ jiào shénme míngzi?

B：我 叫 山中 理沙。 你 呢？
　　Wǒ jiào Shānzhōng Lǐshā. Nǐ ne?

A：我 姓 王，叫 王 力。 初次 见面，请 多 关照。
　　Wǒ xìng Wáng, jiào Wáng Lì. Chūcì jiànmiàn, qǐng duō guānzhào.

B：我 也 请 你 多 关照。
　　Wǒ yě qǐng nǐ duō guānzhào.

音読チェック✔ ☐☐☐☐☐

新出語句

◆ピンインを書き入れ、声に出してみよう。

30 対話文①

		音読チェック ✓
请问 [　　　]	お尋ねします、お伺いします	☐ ☐ ☐ ☐ ☐
贵姓 [　　　]	お名前、ご芳名	☐ ☐ ☐ ☐ ☐
姓 [　　　]	姓は…である	☐ ☐ ☐ ☐ ☐
认识 [　　　]	見知る	☐ ☐ ☐ ☐ ☐
也 [　　　]	…も	☐ ☐ ☐ ☐ ☐

31 対話文②

		音読チェック ✓
叫 [　　　]	（名前は）…と言う	☐ ☐ ☐ ☐ ☐
什么 [　　　]	何、何の	☐ ☐ ☐ ☐ ☐
名字 [　　　]	名前（フルネーム）	☐ ☐ ☐ ☐ ☐
初次 [　　　]	はじめて	☐ ☐ ☐ ☐ ☐
见面 [　　　]	会う	☐ ☐ ☐ ☐ ☐
请 [　　　]	…するように頼む、お願いする	☐ ☐ ☐ ☐ ☐
多 [　　　]	多い、たくさん	☐ ☐ ☐ ☐ ☐
关照 [　　　]	面倒をみる	☐ ☐ ☐ ☐ ☐
请 多 关照 [　　　　　]	どうぞよろしくお願いします	☐ ☐ ☐ ☐ ☐

第2課　21

チェックポイント

1. 姓名の言い表し方

● 姓：姓は…である
(1) 你 姓 什么？ Nǐ xìng shénme?
(2) 我 姓 周。Wǒ xìng Zhōu.
(3) 我 不 姓 张。Wǒ bú xìng Zhāng.

★ 中国人に多い姓

张	王	李	赵	刘	陈	徐	郭	吴	邓	黄
Zhāng	Wáng	Lǐ	Zhào	Liú	Chén	Xú	Guō	Wú	Dèng	Huáng

● 叫：名前は…である
(1) 我 叫 陈 美龄。Wǒ jiào Chén Měilíng.
(2) 你 叫 叶 青 吗？ Nǐ jiào Yè Qīng ma?
(3) 他 不 叫 李 德华。Tā bú jiào Lǐ Déhuá.

★ ひらがな名、カタカナ名、英語名には漢字をあてる。

なつみ → 夏美 Xiàměi　　ヒロシ → 浩 Hào

Jack → 杰克 Jiékè　　Nancy → 南希 Nánxī

2. 自己紹介の表現

(1) 初次 见面，我 姓 西田。Chūcì jiànmiàn, wǒ xìng Xītián.
(2) 你 好，我 叫 徐 丹。Nǐ hǎo, wǒ jiào Xú Dān.
(3) 见到 你 我 很 高兴。Jiàndào nǐ wǒ hěn gāoxìng.　　＊到：動作の到達を表す

3. "请"（qǐng）

① …するように頼む、お願いする
    (1) 请 你 多 关照。Qǐng nǐ duō guānzhào.
    (2) 请 您 多 指教。Qǐng nín duō zhǐjiào.   ＊指教：指導する

② どうぞ（…してください）
    (1) 请 进。Qǐng jìn.   ＊进：入る
    (2) 请 坐。Qǐng zuò.   ＊坐：座る
    (3) 请 喝 茶。Qǐng hē chá.   ＊喝：飲む　＊茶：お茶
    (4) 请 等 一下。Qǐng děng yíxià.   ＊等：待つ　＊一下：ちょっと
    (5) 请 再 说 一 遍。Qǐng zài shuō yí biàn.   ＊说：言う　＊遍：回
    (6) 请 慢走。Qǐng mànzǒu.   ＊慢走：気をつけて（お帰りください）

練習問題

32 1．声に出して置き換え練習をしてみよう。

(1) 我姓<u>青木</u>。

> 铃木　Língmù：鈴木
> 田中　Tiánzhōng：田中
> 松本　Sōngběn：松本
> 安藤　Ānténg：安藤
> 高桥　Gāoqiáo：高橋
> 渡边　Dùbiān：渡辺

音読チェック✔ ☐☐☐☐☐

(2) 请　<u>进</u>。

> 出去　chūqu：出て行く
> 进来　jìnlai：入って来る
> 看　kàn：見る
> 喝 啤酒　hē píjiǔ：ビールを飲む

音読チェック✔ ☐☐☐☐☐

33 2．CDを聞いて文を書き取り、ピンインを付けなさい。

(1) すみません。お名前は何とおっしゃいますか？

　　_____

(2) 姓は陳で、陳美齢と申します。どうぞよろしくお願いします。

　　_____

(3) 私は青木浩ではありません。

　　_____

(4) あなたは黄さんですか。

　　_____

(5) 彼は李さんではありません。

　　_____

3．ピンインを漢字にし、日本語にしなさい。

(1) Rènshi nín wǒ hěn gāoxìng.

___

(2) Chūcì jiànmiàn, wǒ xìng Zhào.

___

(3) Nǐ jiào Tiánzhōng Xiàměi ma?

___

(4) Wǒ xìng Lǐ, jiào Lǐ Déhuá.

___

(5) Wǒ bú jiào Yè Qīng.

___

4．語句を並べ替え文を作ったあとピンインを付け日本語にしなさい。

(1) 多，请，指教，您

___

(2) 我，张，张 力，叫，姓

___

(3) 什么，他，姓，？

___

(4) 也，我，你，很，见到，高兴

___

(5) 理沙，叫，吗，她，松本，？

___

第3课
Dì sān kè

我 是 日本人。 私は日本人です。
Wǒ shì Rìběnrén.

对话文 ①

A：请问，你 是 日本人 吗?
　　Qǐngwèn, nǐ shì Rìběnrén ma?

B：是，我 是 日本人。
　　Shì, wǒ shì Rìběnrén.

A：你 从 哪儿 来 的?
　　Nǐ cóng nǎr lái de?

B：我 从 东京 来 的。
　　Wǒ cóng Dōngjīng lái de.

对话文 ②

A：你 是 哪 天 来 中国 的?
　　Nǐ shì nǎ tiān lái Zhōngguó de?

B：我 是 昨天 来 的。
　　Wǒ shì zuótiān lái de.

A：你 以前 来过 中国 吗?
　　Nǐ yǐqián láiguo Zhōngguó ma?

B：我 没 来过。这 是 第 一 次。
　　Wǒ méi láiguo. Zhè shì dì yī cì.

新出語句

◆ピンインを書き入れ、声に出してみよう。

36 対話文①

		音読チェック ✔
是 [　　　]	…である	☐☐☐☐☐
日本人 [　　　　]	日本人	☐☐☐☐☐
是…的 [　　…　　]	…なのです	☐☐☐☐☐
从 [　　　]	…から	☐☐☐☐☐
哪儿 [　　　]	どこ	☐☐☐☐☐
来 [　　　]	来る	☐☐☐☐☐
东京 [　　　　]	東京	☐☐☐☐☐

37 対話文②

		音読チェック ✔
哪 [　　　]	どの	☐☐☐☐☐
天 [　　　]	日	☐☐☐☐☐
中国 [　　　]	中国	☐☐☐☐☐
昨天 [　　　]	きのう	☐☐☐☐☐
以前 [　　　]	以前、これまで	☐☐☐☐☐
过 [　　　]	動詞の後に付き、「…したことがある」という意味を表す	☐☐☐☐☐
没 [　　　]	…ではない	☐☐☐☐☐
这 [　　　]	これ	☐☐☐☐☐
第 一 次 [　　　　　]	初めて、第1回	☐☐☐☐☐

第3課

チェックポイント

1. "是"(shì)：…である（人や物の同一性を表す）

① 肯定文：S＋是＋…〈Sは…である〉

我 是 日本人。Wǒ shì Rìběnrén.

② 否定文：S＋不＋是〈Sは…ではない〉

我 不 是 日本人。Wǒ bú shì Rìběnrén.

★ "不"bù は後に第4声を伴う場合（"是"は第4声）、第2声の bú に声調が変化する。

③ 疑問文：S＋是＋吗？〈Sは…ですか〉

你 是 日本人 吗？ Nǐ shì Rìběnrén ma?

★ 你 是 不 是 日本人？ Nǐ shì bu shì Rìběnrén? の反復疑問文の形もある。
★ 答え方　肯定：是，我 是 日本人。Shì, wǒ shì Rìběnrén.
　　　　　否定：不，我 不 是 日本人。Bù, wǒ bú shì Rìběnrén.

2. "是…的"(shì…de)：…なのです（既に完了した動作の行われた時間、場所、目的、手段などに焦点をあてる言い表し方）。肯定文では、"是"は省略可。

① 肯定文：S＋是＋…的〈Sは…なのです〉

他 是 前天 回来 的。Tā shì qiántiān huílai de.

＊前天：おととい　＊回来：帰って来る

② 否定文：S＋不＋是…的〈Sは…のではありません〉

他 不 是 前天 回来 的。Tā bú shì qiántiān huílai de.

③ 疑問文：S＋是＋…的吗？〈Sは…なのですか〉

他 是 前天 回来 的 吗？ Tā shì qiántiān huílai de ma?

★ 他 是 不 是 前天 回来 的？ Tā shì bu shì qiántiān huílai de? の反復疑問文の形もある。

3. "过"(guo)：動詞の後に付き過去の経験を表す。

① 肯定文：S＋動詞＋过…〈Sは…したことがある〉

　　我　去过　北京。Wǒ qùguo Běijīng.　　　　　＊去：行く　＊北京：北京

② 否定文：S＋没（有）＋过〈Sは…したことがない〉

　　我　没（有）去过　北京。Wǒ méi (yǒu) qùguo Běijīng.

③ 疑問文：S＋过＋吗？〈Sは…したことがありますか〉

　　你　去过　北京　吗？Nǐ qùguo Běijīng ma?

★ 你　去（过）没　去过　北京？Nǐ qù (guo) méi qùguo Běijīng? の反復疑問文の形もある。

★ 答え方　肯定：去过。Qùguo.　否定：没（有）去过。Méi (yǒu) qùguo.

練習問題

38 1．声に出して置き換え練習をしてみよう。

(1) 我 是 <u>日本人</u>。

> 美国人　Měiguórén：アメリカ人
> 英国人　Yīngguórén：イギリス人
> 中国人　Zhōngguórén：中国人
> 韩国人　Hánguórén：韓国人
> 北京人　Běijīngrén：北京出身の人

　音読チェック✔ □□□□□

(2) 我从<u>东京</u>来。

> 北海道　Běihǎidào：北海道
> 横浜　Héngbīn：横浜
> 名古屋　Mínggǔwū：名古屋
> 京都　Jīngdū：京都
> 神户　Shénhù：神戸

　音読チェック✔ □□□□□

(3) 我<u>去过北京</u>。

> 吃过　四川菜　chīguo Sìchuāncài：四川料理を食べる
> 吃过　中药　chīguo zhōngyào：漢方薬を飲む
> 看过　京剧　kànguo jīngjù：京劇を見る
> 喝过　青岛　啤酒　hēguo Qīngdǎo píjiǔ：チンタオビールを飲む
> 坐过　飞机　zuòguo fēijī：飛行機に乗る

　音読チェック✔ □□□□□

39 2．CDを聞いて文を書き取り、ピンインを付けなさい。

(1) すみません、あなたたちはアメリカ人ですか。

_____

(2) 彼女は名古屋から来たのではありません。

_____

(3) あなたは四川料理を食べたことはありますか。

_____

(4) 彼らはいつ京都に来ましたか。

_____

(5) 私たちは飛行機に乗ったことがありません。

_____

3．ピンインを漢字にし、日本語にしなさい。

(1) Nǐmen shì Hánguórén ma?

_____

(2) Wǒ méi qùguo Běihǎidào, wǒ qùguo Shénhù.

_____

(3) Wǒmen shì cóng Běijīng lái de.

_____

(4) Wǒ bú shì Fǎguórén, shì Yīngguórén.

_____

(5) Nǐ kànguo jīngjù ma?

_____

4．語句を並べ替え文を作ったあとピンインを付け日本語にしなさい。

(1) 中药，以前，吗，吃过，你们，？

_____

(2) 不，的，我们，前天，来，是

_____

(3) 没，她们，横滨，去过

_____

(4) 是，中国人，不，他们，是，？

_____

(5) 喝过，吗，青岛 啤酒，你们，？

_____

第4课　你是学生吗？
Dì sì kè　　Nǐ shì xuésheng ma?　あなたは大学生ですか？

対話文 ①

A：你是学生吗？
　　Nǐ shì xuésheng ma?

B：是，我是大学生。
　　Shì, wǒ shì dàxuéshēng.

A：你是哪个大学的学生？
　　Nǐ shì nǎge dàxué de xuésheng?

B：我是名城大学的学生。
　　Wǒ shì Míngchéng Dàxué de xuésheng.

対話文 ②

A：你是大学几年级的学生？
　　Nǐ shì dàxué jǐ niánjí de xuésheng?

B：我是大学二年级的学生。
　　Wǒ shì dàxué èr niánjí de xuésheng.

A：你的专业是什么？
　　Nǐ de zhuānyè shì shénme?

B：我的专业是经济学。
　　Wǒ de zhuānyè shì jīngjìxué.

新出語句

◆ピンインを書き入れ、声に出してみよう。

42 対話文① 　　音読チェック✔

学生 [　　　]	学生
大学生 [　　　]	大学生
哪个 [　　　]	どの
大学 [　　　]	大学
的 [　　　]	…の

43 対話文② 　　音読チェック✔

几 [　　　]	いくつの
年级 [　　　]	学年
二 [　　　]	2
专业 [　　　]	専攻
经济学 [　　　]	経済学

第4課　33

チェックポイント

1. 「こ・そ・あ・ど」の言い表し方（1）

これ（この）	あれ（あの）・それ（その）	どれ（どの）
这 zhè	那 nà	哪 nǎ
这个 zhège	那个 nàge	哪个 nǎge

★ 这、那、哪の複数形は、这些 zhèxiē、那些 nàxiē、哪些 nǎxiē

(1) 这 是 词典。Zhè shì cídiǎn.　　　　　　　＊词典：辞書
(2) 那 是 帽子。Nà shì màozi.　　　　　　　＊帽子：帽子
(3) 这些 不 是 杂志。Zhèxiē bú shì zázhì.　　＊杂志：雑誌
(4) 那些 是 照相机 吗？Nàxiē shì zhàoxiàngjī ma?　＊照相机：カメラ
(5) 这个 是 雨伞。Zhège shì yǔsǎn.　　　　　　＊雨伞：傘

2. "的"（de）：…の

● 所有、所属を表す。
(1) 这 是 我 的 手机。Zhè shì wǒ de shǒujī.　　＊手机：携帯電話
(2) 日本 的 首都 是 东京。Rìběn de shǒudū shì Dōngjīng.
　　　　　　　　　　　　　　　　　　　＊日本：日本　＊首都：首都

● 人称代名詞の後に親族関係、所属集団名を続けるときは省略される。
(1) 我 妈妈　wǒ māma　　　　　　　　　　＊妈妈：お母さん
(2) 我们 学校　wǒmen xuéxiào　　　　　　　＊学校：学校

● "的"の後ろの語が省略され、「…のもの」「…の人」を表す。
(1) 这 是 我 的。Zhè shì wǒ de.
(2) 这个 是 他 的。Zhège shì tā de.
(3) 哪个 是 你 的？Nǎge shì nǐ de?
(4) 我 是 外语系 的。Wǒ shì wàiyǔxì de.　　＊外语系：外国語学部

3. 数字

零 líng　一 yī　二 èr　三 sān　四 sì　五 wǔ　六 liù　七 qī　八 bā　九 jiǔ
十 shí　十一 shíyī　十二 shí'èr　十三 shísān　十四 shísì …二十 èrshí
二十一 èrshiyī　二十二 èrshi'èr　二十三 èrshisān　三十 sānshí　四十 sìshí
五十 wǔshí　九十九 jiǔshijiǔ　一百 yìbǎi　一百零一 yìbǎilíngyī
一百一 yìbǎiyī　一千 yìqiān　两千 liǎngqiān　一万 yíwàn　两万 liǎngwàn
三万 sānwàn　一亿 yíyì

★ "二十一"のように "十" の前後に数字がくるときは、"十" は軽声になる。

4. "什么"（shénme）：何、何の

● …什么？：何
　这 是 什么？ Zhè shì shénme?

● 什么＋…？：何の…
　这 是 什么 书？ Zhè shì shénme shū?　　　＊书：本

★ "什么" は疑問詞で、いずれの場合にも文末に "吗" は不要。

練習問題

44 1．声に出して置き換え練習をしてみよう。

(1) 我是<u>大学生</u>。

> 医生 yīshēng：医者
> 护士 hùshi：看護師
> 公司 职员 gōngsī zhíyuán：会社員
> 公务员 gōngwùyuán：公務員
> 律师 lǜshī：弁護士

🎧音読チェック✔ ☐☐☐☐☐

(2) 我的专业是<u>经济学</u>。

> 文学 wénxué：文学
> 化学 huàxué：化学
> 数学 shùxué：数学
> 语言学 yǔyánxué：言語学
> 经营管理学 jīngyíngguǎnlǐxué：経営学

🎧音読チェック✔ ☐☐☐☐☐

45 2．CDを聞いて文を書き取り、ピンインを付けなさい。

(1) 北京は中国の首都です。

　　_____

(2) 彼らは大学4年生ですか。

　　_____

(3) これはあなたのカメラですか。

　　_____

(4) あなたのお母さんは看護師ですか。

　　_____

(5) あれは彼女の携帯電話ではありません。

　　_____

36

3．ピンインを漢字にし、日本語にしなさい。

(1) Nǐ shì wénxuéxì de ma?

(2) Nǐmen shì nǎge dàxué de xuésheng?

(3) Zhè shì shénme zázhì?

(4) Wǒ māma bú shì gōngwùyuán.

(5) Tāmen shì bu shì yīshēng?

4．語句を並べ替え文を作ったあとピンインを付け日本語にしなさい。

(1) 的，是，语言学，吗，专业，你，？

(2) 谁，是，雨伞，这，的？

(3) 吗，的，北京，你们，大学，是，学生，？

(4) 她，帽子，是，那些，不，的

(5) 是，他们，不，公司　职员

第5课 你家在哪儿？ あなたの家はどこにありますか？
Dì wǔ kè　Nǐ jiā zài nǎr?

46 対話文❶

A：你 家 在 哪儿？
　　Nǐ jiā zài nǎr?

B：我 家 在 名古屋。
　　Wǒ jiā zài Mínggǔwū.

A：你 家 有 几 口 人？
　　Nǐ jiā yǒu jǐ kǒu rén?

B：我 家 有 五 口 人，爸爸，妈妈，两 个 妹妹 和 我。
　　Wǒ jiā yǒu wǔ kǒu rén, bàba, māma, liǎng ge mèimei hé wo.

音読チェック✔ □□□□□

47 対話文❷

A：你 有 兄弟姐妹 吗？
　　Nǐ yǒu xiōngdìjiěmèi ma?

B：我 没 有 兄弟姐妹。
　　Wǒ méi yǒu xiōngdìjiěmèi.

A：你 是 独生子 吗？
　　Nǐ shì dúshēngzǐ ma?

B：是，我 是 独生子。
　　Shì, wǒ shì dúshēngzǐ.

音読チェック✔ □□□□□

新出語句

◆ピンインを書き入れ、声に出してみよう。

48 対話文①

語句	意味	音読チェック✔
家 [　　]	家	☐☐☐☐☐
在 [　　]	…にいる、ある	☐☐☐☐☐
有 [　　]	持つ、いる、ある	☐☐☐☐☐
口 [　　]	人を数える量詞	☐☐☐☐☐
爸爸 [　　]	お父さん、父	☐☐☐☐☐
两 [　　]	2	☐☐☐☐☐
个 [　　]	人、物などを数える量詞	☐☐☐☐☐
妹妹 [　　]	妹	☐☐☐☐☐
和 [　　]	…と	☐☐☐☐☐

49 対話文②

語句	意味	音読チェック✔
兄弟姐妹 [　　]	兄弟、兄弟姉妹	☐☐☐☐☐
独生子 [　　]	一人っ子（男）、一人息子 一人っ子（女）、一人娘は "独生女" dúshēngnǚ	☐☐☐☐☐

第5課

チェックポイント

1. "在" (zài)：ある、いる（存在を表す動詞）

① 肯定文：S＋在＋場所 〈Sは…にある、いる〉

(1) 我 家 在 东京。Wǒ jiā zài Dōngjīng.
(2) 他们 在 图书馆。Tāmen zài túshūguǎn.　　　＊图书馆：図書館

② 否定文：S＋不＋在＋場所 〈Sは…にない、いない〉

(1) 我 家 不 在 东京。Wǒ jiā bú zài Dōngjīng.
(2) 他们 不 在 图书馆。Tāmen bú zài túshūguǎn.

③ 疑問文：S＋在＋場所＋吗？〈Sは…にありますか、いますか〉

(1) 你 家 在 东京 吗？Nǐ jiā zài Dōngjīng ma?
(2) 他们 在 图书馆 吗？Tāmen zài túshūguǎn ma?

2. 「こ・そ・あ・ど」の言い表し方（2）

ここ	あそこ・そこ	どこ
这儿 zhèr	那儿 nàr	哪儿 nǎr
这里 zhèli	那里 nàli	哪里 nǎli

3. "有" (yǒu)：持つ、いる、ある（所有を表す動詞）

① 肯定文：S＋有＋… 〈Sは…を持つ/Sには…がある、いる〉

我 有 汽车。Wǒ yǒu qìchē.　　　＊汽车：車

② 否定文：S＋没＋有＋… 〈Sは…を持っていない、Sには…がない〉

我 没 有 汽车。Wǒ méi yǒu qìchē.

★ "有" は "不" ではなく "没" で否定。

③ 疑問文：S＋有＋吗？〈Sは…にありますか、いますか〉

你 有 汽车 吗? Nǐ yǒu qìchē ma?

★ 你 有 没 有 汽车? Nǐ yǒu mei yǒu qìchē? の反復疑問文の形もある。
★ "有"には、「場所＋有＋…」で、「…が場所にある」という存在の意味を表わす用法もある。

桌子 上 有 电脑。Zhuōzi shang yǒu diànnǎo.

＊桌子：机、テーブル　＊上：上　＊电脑：パソコン

4. 量詞：名詞には特定の量詞を用いて数を数える

个 ge ：人、もの全般（人 rén、孩子 háizi） ＊人：人　＊孩子：子供
本 běn ：書籍類（书 shū、词典 cídiǎn）
把 bǎ ：握り部分のあるもの（椅子 yǐzi、雨伞 yǔsǎn） ＊椅子：椅子
台 tái ：機械類（电脑 diànnǎo、电视机 diànshìjī） ＊电视机：テレビ（受像機）
张 zhāng ：平らな平面を持つもの（桌子 zhuōzi、地图 dìtú） ＊地图：地図
条 tiáo ：細長いもの（狗 gǒu、领带 lǐngdài） ＊狗：犬　＊领带：ネクタイ
件 jiàn ：荷物、衣服など（行李 xíngli、衣服 yīfu） ＊行李：荷物　＊衣服：服
杯 bēi ：容器で数えるもの（啤酒 píjiǔ、红茶 hóngchá） ＊红茶：紅茶

★ 語順に注意。
① 指示代名詞（単数）＋量詞＋名詞
"这 本 书" zhè běn shū
② 指示代名詞（単数）＋数詞＋量詞＋名詞
"这 两 本 书" zhè liǎng běn shū
＊"这些 两 本 书"とはならない。
③ 指示代名詞（複数）＋名詞
"这些 书" zhèxiē shū

練習問題

50 1．声に出して置き換え練習をしてみよう。

(1) 这 是 我 <u>妈妈</u>。

| 母亲 mǔqin：母 |
| 父亲 fùqin：父 |
| 哥哥 gēge：兄 |
| 弟弟 dìdi：弟 |
| 姐姐 jiějie：姉 |

音読チェック ✔ ☐☐☐☐

(2) 我 有 <u>两 个 孩子</u>。

| 两 个 弟弟 liǎng ge dìdi：弟2人 |
| 很 多 朋友 hěn duō péngyou：たくさんの友達 |
| 男朋友 nánpéngyou：ボーイフレンド |
| 女朋友 nǚpéngyou：ガールフレンド |
| 四 台 电脑 sì tái diànnǎo：パソコン4台 |

音読チェック ✔ ☐☐☐☐

51 2．CDを聞いて文を書き取り、ピンインを付けなさい。

(1) 私には姉がいますが、兄はいません。

_____

(2) 彼のお父さんは香港にいますか。

_____

(3) 彼はパソコンを何台持っていますか。

_____

(4) 図書館はあそこです。

_____

(5) 机の上には辞書が4冊あります。

_____

3．ピンインを漢字にし、日本語にしなさい。

(1) Nǐ yǒu mei yǒu nǚpéngyou?

(2) Wǒ yǒu liǎng ge jiějie hé yí ge gēge.

(3) Nǐ jiā yǒu bā kǒu rén ma?

(4) Tā bú shì dúshēngnǚ.

(5) Nǐmen gōngsī zài nǎr?

4．語句を並べ替え文を作ったあとピンインを付け日本語にしなさい。

(1) 大学，个，我们，学生，五千，有

(2) 这，杂志，吗，的，本，你，两，是，？

(3) 有，兄弟姐妹，个，你，几，？

(4) 独生子，是，是，不，他，？

(5) 条，三，我，领带，弟弟，这，是，的

第6课 我 爸爸 在 银行 工作。

Dì liù kè　Wǒ bàba zài yínháng gōngzuò.

私の父は銀行に勤めています。

52 对话文 ①

A：你 爸爸 在 哪儿 工作?
　　Nǐ bàba zài nǎr gōngzuò?

B：我 爸爸 在 银行 工作。
　　Wǒ bàba zài yínháng gōngzuò.

A：你 妈妈 也 工作 吗?
　　Nǐ māma yě gōngzuò ma?

B：不，她 不 工作。 她 是 家庭 妇女。
　　Bù, tā bù gōngzuò. Tā shì jiātíng fùnǚ.

音読チェック ✔ ☐☐☐☐☐

53 对话文 ②

A：你 哥哥 是 医生 还是 律师?
　　Nǐ gēge shì yīshēng háishi lǜshī?

B：他 是 医生。
　　Tā shì yīshēng.

A：你 想 做 什么 工作?
　　Nǐ xiǎng zuò shénme gōngzuò?

B：我 想 当 空姐。
　　Wǒ xiǎng dāng kōngjiě.

音読チェック ✔ ☐☐☐☐☐

新出語句

◆ピンインを書き入れ、声に出してみよう。

54 対話文①

🔊 音読チェック✔

在 [　　　]	…で	☐ ☐ ☐ ☐ ☐
工作 [　　　]	仕事する	☐ ☐ ☐ ☐ ☐
銀行 [　　　]	銀行	☐ ☐ ☐ ☐ ☐

55 対話文②

🔊 音読チェック✔

还是 [　　　]	それとも、あるいは	☐ ☐ ☐ ☐ ☐
想 [　　　]	…したい	☐ ☐ ☐ ☐ ☐
做 [　　　]	する	☐ ☐ ☐ ☐ ☐
工作 [　　　]	仕事	☐ ☐ ☐ ☐ ☐
当 [　　　]	…になる	☐ ☐ ☐ ☐ ☐
空姐 [　　　]	フライトアテンダント	☐ ☐ ☐ ☐ ☐

第6課

チェックポイント

1. "在"(zài)：…で（場所を表す前置詞）

① 肯定文：S＋（在＋場所）＋動詞〈Sは…で～する〉

(1) 我 在 家 做 作业。Wǒ zài jiā zuò zuòyè. ＊作业：宿題
(2) 他 在 医院 工作。Tā zài yīyuàn gōngzuò. ＊医院：病院

② 否定文：S＋不＋（在＋場所）＋動詞〈Sは…で～しない〉

(1) 我 不 在 家 做 作业。Wǒ bú zài jiā zuò zuòyè.
(2) 他 不 在 医院 工作。Tā bú zài yīyuàn gōngzuò.

★ "不"の位置に注意。

③ 疑問文：S＋在＋場所＋吗？〈Sは…にありますか、いますか〉

(1) 你 在 家 做 作业 吗？Nǐ zài jiā zuò zuòyè ma?
(2) 他 在 医院 工作 吗？Tā zài yīyuàn gōngzuò ma?

2. "还是"(háishi)：それとも、あるいは（選択肢を繋ぐ接続詞）

● A＋"还是"＋B？で、AかBのいずれかを尋ねる選択疑問文。

(1) 你 是 美国人 还是 英国人？Nǐ shì Měiguórén háishi Yīngguórén?
(2) 这 把 雨伞 是 你 的 还是 他 的？
　　　　　　　　　　　　　　　Zhè bǎ yǔsǎn shì nǐ de háishi tā de?
(3) 你 去 北京 还是 去 上海？Nǐ qù Běijīng háishi qù Shànghǎi?
(4) 你 来 还是 她 来？Nǐ lái háishi tā lái?
(5) 你 喝 咖啡 还是 喝 红茶？Nǐ hē kāfēi háishi hē hóngchá?

＊咖啡：コーヒー

3. "想" (xiǎng)：…したい（欲求を表す助動詞）

① 肯定文：S＋想＋動詞 〈Sは…したい〉

(1) 我 想 去 加拿大。Wǒ xiǎng qù Jiānádà. 　　＊加拿大：カナダ
(2) 我 想 吃 中国菜。Wǒ xiǎng chī Zhōngguócài. 　＊中国菜：中華料理

② 否定文：S＋不＋想＋動詞 〈Sは…したくない〉

(1) 我 不 想 去 加拿大。Wǒ bù xiǎng qù Jiānádà.
(2) 我 不 想 吃 中国菜。Wǒ bù xiǎng chī Zhōngguócài.

③ 疑問文：S＋想＋動詞＋吗？〈Sは…したいか〉

(1) 你 想 去 加拿大 吗？Nǐ xiǎng qù Jiānádà ma?
(2) 你 想 吃 中国菜 吗？Nǐ xiǎng chī Zhōngguócài ma?

★ 你 想 不 想 吃 中国菜？Nǐ xiǎng bu xiǎng chī Zhōngguócài?
　你 想 不 想 去 加拿大？Nǐ xiǎng bu xiǎng qù Jiānádà? の反復疑問文もある。

★ "想"には動詞として「思う、考える」という意味がある。

(3) 你 怎么 想？Nǐ zěnme xiǎng? 　　　　　　　　＊怎么：どのように
(4) 我 也 那样 想。Wǒ yě nàyàng xiǎng. 　　　　　＊那样：あんな、そんな

練習問題

56 1．声に出して置き換え練習をしてみよう。

(1) 我 爸爸 在 <u>银行</u> 工作。

> 贸易 公司 màoyì gōngsī：貿易会社
> 百货 大楼 bǎihuò dàlóu：デパート
> 快餐店 kuàicāndiàn：ファーストフード店
> 超市 chāoshì：スーパー
> 邮局 yóujú：郵便局

音読チェック✔ ☐☐☐☐☐

(2) 我 想 当 <u>空姐</u>。

> 学 汉语 xué Hànyǔ：中国語を勉強する
> 学好 英语 xuéhǎo Yīngyǔ：英語をマスターする
> 去 美国 留学 qù Měiguó liúxué：アメリカに留学する
> 坐 船 去 上海 zuò chuán qù Shànghǎi：船で上海に行く
> 吃 北京烤鸭 chī Běijīngkǎoyā：北京ダックを食べる

音読チェック✔ ☐☐☐☐☐

57 2．CDを聞いて文を書き取り、ピンインを付けなさい。

(1) あなたは公務員になりたいですか。

_____

(2) あなたのお父さんは貿易会社にお勤めですか。

_____

(3) 彼女は医者ですか、それとも看護師ですか。

_____

(4) 私の妹は郵便局に勤めていません。

_____

(5) 私はアメリカへ行って仕事がしたいです。

_____

3．ピンインを漢字にし、日本語にしなさい。

(1) Nǐ xiǎng chī shénme?

(2) Nánxī de nánpéngyou shì Zhōngguórén háishi Rìběnrén?

(3) Wǒ zài dàxué xué Yīngyǔ hé jīngjìxué.

(4) Wǒ bù xiǎng zuò fēijī.

(5) Tā de dìdi zài chāoshì gōngzuò ma?

4．語句を並べ替え文を作ったあとピンインを付け日本語にしなさい。

(1) 吗，姐姐，快餐店，你，也，工作，在，？

(2) 汉语，想，中国，去，吗，学，你，？

(3) 弟弟，想，医生，我，当

(4) 在，不，工作，我，想，银行

(5) 多，吃，很，我，北京烤鸭，想

第7课 你是哪年出生的?
Dì qī kè　Nǐ shì nǎ nián chūshēng de?　あなたは何年生まれですか？

对话文 ①

A：你 是 哪 年 出生 的?
　　Nǐ shì nǎ nián chūshēng de?

B：我 是 一九八七 年 出生 的。
　　Wǒ shì yījiǔbāqī nián chūshēng de.

A：你 的 生日 几 月 几 号?
　　Nǐ de shēngrì jǐ yuè jǐ hào?

B：我 的 生日 十月 二十一 号。
　　Wǒ de shēngrì shíyuè èrshiyī hào.

1987.10.21

音読チェック ✔ □□□□

对话文 ②

A：你 今年 多 大 了?
　　Nǐ jīnnián duō dà le?

B：我 今年 二十五 岁 了。
　　Wǒ jīnnián èrshiwǔ suì le.

A：你 的 血型 是 什么?
　　Nǐ de xuèxíng shì shénme?

B：我 是 A 型。
　　Wǒ shì A xíng.

音読チェック ✔ □□□□

新出語句

◆ピンインを書き入れ、声に出してみよう。

60 対話文①

年 [ ]	年	音読チェック✔
出生 [ ]	生まれる	
月 [ ]	月	
号 [ ]	日	

61 対話文②

今年 [ ]	今年	音読チェック✔
多 [ ]	どれほど、どれだけ	
大 [ ]	年長である	
了 [ ]	（文末に置き）新しい事態の発生を表す	
岁 [ ]	歳	
血型 [ ]	血液型	

第7課

★ チェックポイント

1. 年月日の言い表し方

● 西暦は数字を棒読みする。

　　一九五三年 yījiǔwǔsān nián　　1953年
　　一九九八年 yījiǔjiǔbā nián　　1998年
　　二〇〇六年 èrlínglíngliù nián　　2006年
　　二〇二四年 èrlíng'èrsì　　2024年

● 月は日本語と同じ言い方。

　　一月 yīyuè：1月　　　二月 èryuè：2月　　　三月 sānyuè：3月
　　四月 sìyuè：4月　　　五月 wǔyuè：5月　　　六月 liùyuè：6月
　　七月 qīyuè：7月　　　八月 bāyuè：8月　　　九月 jiǔyuè：9月
　　十月 shíyuè：10月　　十一月 shíyīyuè：11月　十二月 shí'èryuè：12月

● 日は数字に"号"(hào)を添える。

　　一　号 yī hào：1日　　二　号 èr hào：2日　　三　号 sān hào：3日
　　四　号 sì hào：4日　　五　号 wǔ hào：5日　　十　号 shí hào：10日
　　十一　号 shíyī hào：11日　　　　　　　　　　二十　号 èrshí hào：20日
　　二十一　号 èrshiyī hào：21日　　　　　　　　二十二　号 èrshi'èr hào：22日
　　三十　号 sānshí hào：30日　　　　　　　　　三十一　号 sānshiyī hào：31日

2. "是"(shì)の省略

● 年月日、年齢などを表すとき、"是"は省略されることがある。ただし、否定文では省略できない。

　　(1) 今年　二〇十五　年。Jīnnián èrlíngshíwǔ nián.
　　(2) 明年　二〇十六　年。Míngnián èrlíngshíliù nián.　　＊明年：来年
　　(3) 今天　十二月　十三　号。Jīntiān shí'èryuè shísān hào.
　　(4) 他　四十八　岁。Tā sìshibā suì.
　　(5) 明天　不　是　三月　八　号。Míngtiān bú shì sānyuè bā hào.

3. 年齢に関する表現

● 年齢を尋ねる。

(1) 你 多 大 了? Nǐ duō dà le?（同年齢か年下の人に対して）

(2) 你 几 岁 了? Nǐ jǐ suì le?（子供に対して）

(3) 您 多 大 年纪 了? Nín duō dà niánjì le?（年配や年上の人に対して）

＊年纪：年齢

● 年齢を比べる。

(1) 他 比 我 大 三 岁。Tā bǐ wǒ dà sān suì.　　　＊比：…より

(2) 她 比 我 小 两 岁。Tā bǐ wǒ xiǎo liǎng suì.　　＊小：年下である

練習問題

62 1．声に出して置き換え練習をしてみよう。

(1) 我 是 <u>一九八七</u> 年 出生 的。

> 一九四八 yījiǔsìbā：1948
> 一九六七 yījiǔliùqī：1967
> 一九九九 yījiǔjiǔjiǔ：1999
> 二〇〇三 èrlínglíngsān：2003
> 二〇一四 èrlíngyīsì：2014

音読チェック✔ ☐ ☐ ☐ ☐

(2) 我 今年 <u>二十五</u> 岁 了。

> 十九 shíjiǔ：19
> 二十三 èrshisān：23
> 三十五 sānshiwǔ：35
> 七十七 qīshiqī：77
> 一百零二 yìbǎilíngèr：102

音読チェック✔ ☐ ☐ ☐ ☐

63 2．CDを聞いて文を書き取り、ピンインを付けなさい。

(1) 明日は12月31日です。
　_____

(2) 私の妹の誕生日も5月24日です。
　_____

(3) 私の兄は18歳で大学生です。
　_____

(4) 彼女は私より7歳年下です。
　_____

(5) 私の母は今年85歳です。
　_____

3．ピンインを漢字にし、日本語にしなさい。

(1) Míngtiān shíyīyuè èrshiliù hào.

　

(2) Nǐ de shēngrì qīyuè shíbā hào ma?

　

(3) Nǐ háizi jǐ suì le?

　

(4) Wǒ dìdi jīnnián wǔshisān suì le.

　

(5) Nǐ de xuèxíng shì B xíng háishi O xíng?

　

4．語句を並べ替え文を作ったあとピンインを付け日本語にしなさい。

(1) 几，几，号，今天，月，？

　

(2) 你，血型，爸爸，的，什么，是，？

　

(3) 多，母亲，了，大，今年，你，？

　

(4) 不，十九，她，生日，三月，是，的，号

　

(5) 四，她，比，我，小，岁

第8课
Dì bā kè

今天 星期一。 今日は月曜日です。
Jīntiān xīngqīyī.

对話文 ❶

A：今天 星期 几?
　　Jīntiān xīngqī jǐ?

B：今天 星期一。
　　Jīntiān xīngqīyī.

A：你 明天 打工 吗?
　　Nǐ míngtiān dǎgōng ma?

B：对，我 星期二，三 在 网吧 打工。
　　Duì, wǒ xīngqī'èr, sān zài wǎngbā dǎgōng.

音読チェック✔ ☐☐☐☐☐

対話文 ❷

A：星期四 可以 给 你 打 电话 吗?
　　Xīngqīsì kěyǐ gěi nǐ dǎ diànhuà ma?

B：可以。
　　Kěyǐ.

A：你 的 手机 号码 是 多少?
　　Nǐ de shǒujī hàomǎ shì duōshao?

B：〇九〇-一二三四-五九六三。
　　Líng jiǔ líng - yāo èr sān sì - wǔ jiǔ liù sān.

音読チェック✔ ☐☐☐☐☐

新出語句

◆ピンインを書き入れ、声に出してみよう。

66 対話文①

語句	意味
星期 几 [　　　]	何曜日
星期一 [　　　]	月曜日
打工 [　　　]	アルバイトをする
对 [　　　]	そのとおりである、正しい
星期二 [　　　]	火曜日
星期三 [　　　]	水曜日
网吧 [　　　]	インターネットカフェ

67 対話文②

語句	意味
星期四 [　　　]	木曜日
可以 [　　　]	…してもよい
给 [　　　]	…に
打 [　　　]	送る、放つ
电话 [　　　]	電話 "给…打 电话"：…に電話する
号码 [　　　]	番号
多少 [　　　]	いくつ

第8課

チェックポイント

1. 曜日の言い表し方

星期一 xīngqīyī：月曜日　　　　星期二 xīngqī'èr：火曜日
星期三 xīngqīsān：水曜日　　　星期四 xīngqīsì：木曜日
星期五 xīngqīwǔ：金曜日　　　星期六 xīngqīliù：土曜日
星期日 xīngqīrì / 星期天 xīngqītiān：日曜日

2. 時間の流れと年月日

大前天 dàqiántiān：さきおととい　　前天 qiántiān：おととい
昨天 zuótiān：きのう　　今天 jīntiān：今日　　明天 míngtiān：明日
后天 hòutiān：あさって　　大后天 dàhòutiān：しあさって

上上（个）星期 shàngshàng (ge) xīngqī：先々週
上（个）星期 shàng (ge) xīngqī：先週
这（个）星期 zhè(ge)xīngqī：今週
下（个）星期 xià (ge) xīngqī：来週
下下（个）星期 xiàxià (ge) xīngqī：再来週

上上（个）月 shàngshàng (ge) yuè：先々月
上（个）月 shàng (ge) yuè：先月
这（个）月 zhè (ge) yuè：今月
下（个）月 xià (ge) yuè：来月
下下（个）月 xiàxià (ge) yuè：再来月

前年 qiánnián：おととし　　去年 qùnián：去年　　今年 jīnnián：今年
明年 míngnián：来年　　后年 hòunián：再来年

3. 離合動詞

2音節の動詞で他の要素を加える際、間に入れる必要があるものがあり、辞書では、打//工のように表示されている。

(1) 打//工：你 想 打 什么 工？ Nǐ xiǎng dǎ shénme gōng?
(2) 留//学：我 去 美国 留过 学。 Wǒ qù Měiguó liúguo xué.
(3) 结//婚：他 结过 三 次 婚。 Tā jiéguo sān cì hūn.　　＊结婚：結婚する

4. 可以 (kěyǐ)：…してもよい(許可)、…できる(条件が備われば)

(1) 你 可以 去。 Nǐ kěyǐ qù.
(2) 我 可以 去 游泳 吗？ Wǒ kěyǐ qù yóuyǒng ma?　　＊游泳：泳ぐ
(3) 这儿 可以 抽 烟 吗？ Zhèr kěyǐ chōu yān ma?　＊抽烟：タバコを吸う

5. 電話の表現

● 番号の読み方
数字は棒読みにする。ただし、"一"(yī) は (yāo) と読む。

● 基本表現
(1) 喂，张 先生 吗？ Wèi, Zhāng xiānsheng ma?
　　　　　　　　　　　　　　＊喂：もしもし　＊先生：…さん（男性）
(2) 喂，刘 女士 吗？ Wèi, Liú nǚshì ma?　　　＊女士：…さん（女性）
(3) 喂，是 陈 先生 家 吗？ Wèi, shì Chén xiānsheng jiā ma?

練習問題

1．声に出して置き換え練習をしてみよう。

(1) 我 在 网吧 打工。

> 迪斯尼乐园 Dísīnílèyuán：ディズニーランド
> 麦当劳 Màidāngláo：マクドナルド
> 罗森 Luósēn：ローソン
> 高尔夫球场 gāo'ěrfūqiúchǎng：ゴルフ場
> 电影院 diànyǐngyuàn：映画館

音読チェック✔ □□□□□

(2) 我 可以 去 游泳 吗？

> 用 你 的 词典 yòng nǐ de cídiǎn：あなたの辞書を使う
> 用 英语 写 yòng Yīngyǔ xiě：英語で書く
> 去 买 东西 qù mǎi dōngxi：買物に行く
> 去 看 电影 qù kàn diànyǐng：映画に行く
> 进来 jìnlai：入って来る

音読チェック✔ □□□□□

2．CDを聞いて文を書き取り、ピンインを付けなさい。

(1) あさっては何月何日何曜日ですか。

_____

(2) おとといは日曜日でしたか。

_____

(3) 1987年に私たちはアメリカにいました。

_____

(4) 私の兄はローソンでアルバイトをしています。

_____

(5) 買物に行ってもいいですか。

_____

3．ピンインを漢字にし、日本語にしなさい。

(1) Shàng xīngqīyī nǐmen zài Dōngjīng ma?
　　_____

(2) Zuótiān bú shì xīngqīwǔ.
　　_____

(3) Jīntiān bú shì xīngqīsān, shì xīngqīsì.
　　_____

(4) Nǐ yě xiǎng qù kàn diànyǐng ma?
　　_____

(5) Wǒ de diànhuà hàomǎ shì líng sān jiǔ-sì liù yāo èr.
　　_____

4．語句を並べ替え文を作ったあとピンインを付け日本語にしなさい。

(1) 是，星期一，星期二，还是，后天，？
　　_____

(2) 号，八月，星期六，明天，二十一
　　_____

(3) 吗，我们，可以，进来，？
　　_____

(4) 电话，请，我，打，给
　　_____

(5) 不，我，下星期四，家，在
　　_____

第9课 你 每天 早上 几 点 起床?
Dì jiǔ kè　Nǐ měitiān zǎoshang jǐ diǎn qǐchuáng?　あなたは毎朝何時に起きますか？

70 对话文 ①

A：你 每天 早上 几 点 起床?
　　Nǐ měitiān zǎoshang jǐ diǎn qǐchuáng?

B：六 点 半 左右。
　　Liù diǎn bàn zuǒyòu.

A：你 几 点 出门?
　　Nǐ jǐ diǎn chūmén?

B：我 八 点 出门。
　　Wǒ bā diǎn chūmén.

音読チェック✔ ☐☐☐☐☐

71 对话文 ②

A：你 怎么 去 大学?
　　Nǐ zěnme qù dàxué?

B：我 坐 电车 去 大学。
　　Wǒ zuò diànchē qù dàxué.

A：从 你 家 到 大学 要 多 长 时间?
　　Cóng nǐ jiā dào dàxué yào duō cháng shíjiān?

B：坐 电车 要 一 个 小时 左右。
　　Zuò diànchē yào yí ge xiǎoshí zuǒyòu.

音読チェック✔ ☐☐☐☐☐

新出語句

◆ピンインを書き入れ、声に出してみよう。

72 対話文①　音読チェック✔

毎天 [　　　]	毎日
起床 [　　　]	起きる
点 [　　　]	時（時刻を表す）
左右 [　　　]	頃、くらい
出门 [　　　]	出かける

73 対話文②　音読チェック✔

电车 [　　　]	電車
从 [　　　]	…から
到 [　　　]	…まで
要 [　　　]	要する、必要である
长 [　　　]	長い
时间 [　　　]	時間
小时 [　　　]	時間

第9課

チェックポイント

1. 時間の表現

● 時刻の表し方

1:00	一 点	yì diǎn
2:00	两 点	liǎng diǎn
4:00	四 点	sì diǎn
4:05	四 点 零 五 分	sì diǎn líng wǔ fēn
4:15	四 点 十五 分	sì diǎn shíwǔ fēn
	四 点 一 刻	sì diǎn yí kè
4:30	四 点 三十 分	sì diǎn sānshí fēn
	四 点 半	sì diǎn bàn
4:45	四 点 四十五 分	sì diǎn sìshiwǔ fēn
	四 点 三 刻	sì diǎn sān kè
4:55	四 点 五十五 分	sì diǎn wǔshiwǔ fēn
	差 五 分 五 点	chà wǔ fēn wǔ diǎn

＊分：分

＊半：半分

★ "刻"：15分間　英語の"quarter"の音訳。
★ "差"：不足している。5時に5分不足しているのが4:55。
★ 「3時過ぎ」は"三 点 多" sān diǎn duō、「3時ちょうど」は
　 "三 点 整" sān diǎn zhěng　　　　　　　　　＊整：かっきり、ちょうど
★ 「今何時ですか」は"现在 几 点 了？" Xiànzài jǐ diǎn le?　　＊现在：今

● 時間の幅の表し方

3分間：三 分钟 sān fēnzhōng　　　　　　　　　　＊分钟：分間
3時間：三 个 小时（钟头）sān ge xiǎoshí (zhōngtóu)　＊钟头：時間
4時間半：四 个 半 小时（钟头）sì ge bàn xiǎoshí (zhōngtóu)

2. 1日の動作

洗 脸 xǐ liǎn：顔を洗う　　　吃 早饭 chī zǎofàn：朝食を食べる
刷牙 shuāyá：歯を磨く　　　看 报 kàn bào：新聞を読む
上学 shàngxué：学校へ行く　　上班 shàngbān：出勤する
吃 午饭 chī wǔfàn：昼食を食べる　回 家 huí jiā：帰宅する
吃 晚饭 chī wǎnfàn：夕飯を食べる　洗澡 xǐzǎo：入浴する
看 电视 kàn diànshì：テレビを見る　睡觉 shuìjiào：寝る

3. "坐"（zuò）：（乗り物に）乗る。またいで乗るものには"骑"（qí）を用いる

"坐"：汽车 qìchē 自動車

　　　公共 汽车 gōnggòng qìchē バス

　　　出租车 chūzūchē タクシー

　　　飞机 fēijī 飛行機

　　　地铁 dìtiě 地下鉄

　　　火车 huǒchē 列車

　　　船 chuán 船

"骑"：马 mǎ 馬

　　　骆驼 luòtuo 駱駝（らくだ）

　　　自行车 zìxíngchē 自転車

　　　摩托车 mótuōchē オートバイ

練習問題

1．声に出して置き換え練習をしてみよう。

(1) 你 每天 几 点 <u>起床</u>?

> 洗 脸 xǐ liǎn：顔を洗う
> 吃 早饭 chī zǎofàn：朝食を食べる
> 上学 shàngxué：学校へ行く
> 上班 shàngbān：出勤する
> 睡觉 shuìjiào：寝る

音読チェック✔ ☐☐☐☐

(2) 我 <u>八 点</u> 出门。

> 八 点 一 刻 bā diǎn yí kè：8時15分
> 八 点 半 bā diǎn bàn：8時半
> 八 点 三 刻 bā diǎn sān kè：8時45分
> 九 点 整 jiǔ diǎn zhěng：9時ちょうど
> 九 点 多 jiǔ diǎn duō：9時過ぎ

音読チェック✔ ☐☐☐☐

2．CDを聞いて文を書き取り、ピンインを付けなさい。

(1) 私は毎晩11時半に寝ます。

_____

(2) 今2時8分です。

_____

(3) 飛行機で何時間かかりますか。

_____

(4) 私の家から図書館まで5分です。

_____

(5) あなたは北京へはどうやって行きますか。

_____

3．ピンインを漢字にし、日本語にしなさい。

(1) Wǒ gēge zuò chuán qù Zhōngguó.

(2) Xiànzài shì chà shí fēn sān diǎn ma?

(3) Qí zìxíngchē yào jǐ fēnzhōng?

(4) Wǒ měitiān zǎoshang bā diǎn chī zǎofàn.

(5) Jǐ diǎn huí jiā?

4．語句を並べ替え文を作ったあとピンインを付け日本語にしなさい。

(1) 公共 汽车，你，吗，坐，上班，？

(2) 公司，点，我，七，整，姐姐，早上，去

(3) 几，几，起床，睡觉，你，点，点，？

(4) 每天，个，看，小时，我，电视，四，弟弟

(5) 骑，来，他们，学校，摩托车

第10课 你 的 爱好 是 什么？ あなたの趣味は何ですか？
Dì shí kè　　Nǐ de àihào shì shénme?

76　对话文 ①

A：你 的 爱好 是 什么？
　　Nǐ de àihào shì shénme?

B：我 喜欢 唱 卡拉OK。
　　Wǒ xǐhuan chàng kǎlāOK.

A：你 唱 歌 唱得 好 吗？
　　Nǐ chàng gē chàngde hǎo ma?

B：我 唱 歌 唱得 很 好。今晚 咱们 一起 去 卡拉OK 吧。
　　Wǒ chàng gē chàngde hěn hǎo. Jīnwǎn zánmen yìqǐ qù kǎlāOK ba.

音読チェック ✔ ☐☐☐☐☐

77　对话文 ②

A：你 在 做 什么？
　　Nǐ zài zuò shénme?

B：我 在 听 音乐。
　　Wǒ zài tīng yīnyuè.

A：下午 你 打算 干 什么？
　　Xiàwǔ nǐ dǎsuan gàn shénme?

B：我 打算 打 网球。
　　Wǒ dǎsuan dǎ wǎngqiú.

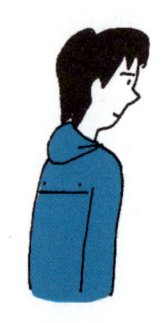

音読チェック ✔ ☐☐☐☐☐

新出語句

◆ピンインを書き入れ、声に出してみよう。

対話文①

爱好 [　　　]	趣味
喜欢 [　　　]	好きである
唱 [　　　]	歌う
卡拉OK [　　　]	カラオケ
歌 [　　　]	歌
得 [　　　]	…するのが～である
一起 [　　　]	一緒に
吧 [　　　]	…しましょう

対話文②

在 [　　　]	…している
听 [　　　]	聞く
音乐 [　　　]	音楽
打算 [　　　]	…するつもりである
干 [　　　]	する
打 [　　　]	（遊戯などを）する
网球 [　　　]	テニス

第10課

チェックポイント

1. "喜欢"(xǐhuan)：好きである

(1) 我 喜欢 夏天。Wǒ xǐhuan xiàtiān.
(2) 我 不 喜欢 冬天。Wǒ bù xǐhuan dōngtiān.
(3) 你 喜欢 秋天 吗？Nǐ xǐhuan qiūtiān ma?

＊夏天：夏　＊冬天：冬　＊秋天：秋　＊春は"春天"(chūntiān)

(4) 我 很 喜欢 吃 烧卖。Wǒ hěn xǐhuan chī shāomai.　　＊烧卖：シューマイ

★ 飲み物食べ物の嗜好を述べるときは、"吃"、"喝"をつけることが多い。

2. "得"(de)：…するのが～である（動作の様態を表すときに用いる助詞）

① 肯定文：Ｓ＋動詞＋得＋～〈Ｓは…するのが～である〉

她 跑得 很 快。Tā pǎode hěn kuài.　　＊跑：走る　＊快：速い

② 否定文：Ｓ＋動詞＋得＋不＋～〈Ｓは…するのが～ではない〉

她 跑得 不 快。Tā pǎode bú kuài.

③ 疑問文：Ｓ＋動詞＋得＋～吗？〈Ｓは…するのが～か〉

她 跑得 快 吗？Tā pǎode kuài ma?

★ 她 跑得 快 不 快？Tā pǎode kuài bu kuài? の反復疑問文の形もある。
★ 杰克（说）法语 说得 很 流利。Jiékè (shuō) Fǎyǔ shuōde hěn liúlì.

＊杰克：ジャック　＊说：話す　＊流利：流暢に

3. 進行相の言い表し方

① 肯定文：S＋在＋動詞＋（呢）〈Sは…している〉　　＊呢：…している

他 在 看 书（呢）。Tā zài kàn shū (ne).

② 否定文：S＋没＋動詞〈Sは…していない〉

他 没 看 书。Tā méi kàn shū.

★ 他 没 在 看 书。Tā méi zài kàn shū. と"在"が残ることもある。

③ 疑問文：S＋動詞＋（呢）＋吗？〈Sは…しているか〉

他 在 看 书（呢）吗？Tā zài kàn shū (ne) ma?

4. "打算"(dǎsuan)：…するつもりである（予定を表す助動詞）

(1) 我 打算 明年 去 意大利。Wǒ dǎsuan míngnián qù Yìdàlì.
(2) 你 打算 买 什么？Nǐ dǎsuan mǎi shénme?

5. "打"(dǎ)：…（遊戯などを）する

"打"＋…：棒球 bàngqiú：野球　　　　乒乓球 pīngpāngqiú：卓球
　　　　　排球 páiqiú：バレーボール　羽毛球 yǔmáoqiú：バドミントン
　　　　　保龄球 bǎolíngqiú：ボーリング　高尔夫球 gāo'ěrfūqiú：ゴルフ
　　　　　太极拳 tàijíquán：太極拳　　扒金宫 pájīngōng：パチンコ
　　　　　麻将 májiàng：マージャン　　扑克 pūkè：トランプ
　　　　　瞌睡 kēshuì：居眠り

練習問題

1．声に出して置き換え練習をしてみよう。

(1) 我 喜欢 <u>唱 卡拉OK</u>。

> 弹 钢琴 tán gāngqín：ピアノを弾く
> 拉 小提琴 lā xiǎotíqín：バイオリンを弾く
> 踢 足球 tī zúqiú：サッカーをする
> 上网 shàngwǎng：インターネットをする
> 看 小说 kàn xiǎoshuō：小説を読む

音読チェック✔ ☐☐☐☐☐

(2) 我 在 <u>听 音乐</u>。

> 做 菜 zuò cài：料理する
> 写 信 xiě xìn：手紙を書く
> 打扫 房间 dǎsǎo fángjiān：部屋を掃除する
> 看 电视 kàn diànshì：テレビを見る
> 听 古典音乐 tīng gǔdiǎnyīnyuè：クラシック音楽を聞く

音読チェック✔ ☐☐☐☐☐

2．CDを聞いて文を書き取り、ピンインを付けなさい。

(1) 私の趣味は料理とインターネットです。

(2) 彼はテレビを見ているのではなくて、音楽を聞いています。

(3) 私は英語と中国語を勉強するつもりです。

(4) 私の父はフランス語を話すのがあまり流暢ではありません。

(5) あなたはどんな映画が好きですか。

3．ピンインを漢字にし、日本語にしなさい。

(1) Wǒ jiějie zài tán gāngqín ne.

(2) Nàge Zhōngguórén chàng gē chàngde hǎo bu hǎo?

(3) Wǒmen xià xīngqīsān dǎsuan tī zúqiú.

(4) Wǒ dìdi zài chī wǔfàn.

(5) Nǐ de àihào shì dǎ yǔmǎoqiú háishi dǎ bǎolíngqiú?

4．語句を並べ替え文を作ったあとピンインを付け日本語にしなさい。

(1) 打，喜欢，吗，也，乒乓球，她们，？

(2) 呢，在，房间，妈妈，打扫，我

(3) 在，呢，哪儿，打，她们，排球，？

(4) 吧，明天，我们，去，东西，买，一起

(5) 妹妹，喜欢，看，太，我，不，小说

第11课 你 会 说 汉语 吗？ あなたは中国語を話せますか？
Dì shíyī kè　Nǐ huì shuō Hànyǔ ma?

対話文 ①

A：你 会 说 汉语 吗？
　　Nǐ huì shuō Hànyǔ ma?

B：会 一点儿。
　　Huì yìdiǎnr.

A：你 学 汉语 学了 几 年 了？
　　Nǐ xué Hànyǔ xuéle jǐ nián le?

B：三 年 半 了。
　　Sān nián bàn le.

音読チェック✔ ☐☐☐☐☐

対話文 ②

A：你 觉得 汉语 比 英语 难 吗？
　　Nǐ juéde Hànyǔ bǐ Yīngyǔ nán ma?

B：我 觉得 汉语 没 有 英语 难。
　　Wǒ juéde Hànyǔ méi yǒu Yīngyǔ nán.

A：你 为 什么 学 汉语？
　　Nǐ wèi shénme xué Hànyǔ?

B：因为 我 想 找 用 汉语 的 工作。
　　Yīnwèi wǒ xiǎng zhǎo yòng Hànyǔ de gōngzuò.

音読チェック✔ ☐☐☐☐☐

新出語句

◆ピンインを書き入れ、声に出してみよう。

84 対話文①　音読チェック✔

会 [　　　]	…できる
一点儿 [　　　]	少し
了 [　　　]	（動詞の後に置き）動作の完了を表す
多少 [　　　]	どれほど、いくら

85 対話文②　音読チェック✔

觉得 [　　　]	思う、感じる
为什么 [　　　]	なぜ
因为 [　　　]	…なので、だから
找 [　　　]	探す

第11課

チェックポイント

1. "会"(huì)：…できる（技能を習得して実現可能性を表す助動詞）

① 肯定文：S＋会＋動詞〈Sは…できる〉

(1) 我 会 说 英语。Wǒ huì shuō Yīngyǔ.
(2) 我 会 开车。Wǒ huì kāichē. ＊开车：（車を）運転する

② 否定文：S＋不＋会＋動詞〈Sは…できない〉

(1) 我 不 会 说 英语。 Wǒ bú huì shuō Yīngyǔ.
(2) 我 不 会 开车。Wǒ bú huì kāichē.

③ 疑問文：S＋会＋動詞＋吗？〈Sは…できるか〉

(1) 你 会 说 英语 吗？ Nǐ huì shuō Yīngyǔ ma?
(2) 你 会 开车 吗？ Nǐ huì kāichē ma?

★ 你 会 不 会 开车？ Nǐ huì bu huì kāichē?
你 会 不 会 说 英语？ Nǐ huì bu huì shuō Yīngyǔ? の反復疑問文の形もある。

★ "会"には動詞で「分かる」「習得している」という意味がある。
她 会 法语。Tā huì Fǎyǔ.（彼女はフランス語ができる）

★ 能力や条件が備わっていて実現可能であることを表すときは、"能"(néng) を用いる。

(3) 我们 明天 能 去。Wǒmen míngtiān néng qù.
(4) 我 不 能 吃 肉。Wǒ bù néng chī ròu. ＊肉：肉
(5) 你 能 在 这儿 等 我们 吗？ Nǐ néng zài zhèr děng wǒmen ma?

＊等：待つ

2. 継続の言い表し方

● 動詞＋了＋時間・数量を表す語句＋了：…してから〜になる。

(1) 我 在 上海 住了 三 年 了。Wǒ zài Shànghǎi zhùle sān nián le.

(2) 我 学 德语 学了 八 年 了。Wǒ xué Déyǔ xuéle bā nián le.

★ 文末の"了"がないと、過去の事実を表す文になる。

3. 認知を表す動詞

(1) 你 觉得 中国 怎么样？Nǐ juéde Zhōngguó zěnmeyàng?

＊怎么样：どのように

(2) 我 明白 了。Wǒ míngbai le. ＊明白：分かる

(3) 我 记得 他 的 地址。Wǒ jìde tā de dìzhǐ.

＊记得：覚えている ＊地址：住所

(4) 我 知道 京剧。Wǒ zhīdao jīngjù. ＊知道：知っている

4. 比較文の否定

● "A＋比＋B…。"（AはBより…である）の否定は、"A＋没有＋B…。"（AはBほど…ではない）となる。

(1) 今天 比 昨天 冷。Jīntiān bǐ zuótiān lěng.

(2) 今天 没 有 昨天 冷。Jīntiān méi yǒu zuótiān lěng.

(3) 日本 没 有 中国 大。Rìběn méi yǒu Zhōngguó dà.

練習問題

86 1．声に出して置き換え練習をしてみよう。

(1) 你 会 说 <u>汉语</u> 吗?

| 德语 Déyǔ：ドイツ語 |
| 法语 Fǎyǔ：フランス語 |
| 日语 Rìyǔ：日本語 |
| 西班牙语 Xībānyáyǔ：スペイン語 |
| 希腊语 Xīlàyǔ：ギリシア語 |

音読チェック✔ ☐☐☐☐☐

(2) 你 为 什 么 <u>学 汉语</u>?

| 喜欢 她 xǐhuan tā：彼女を好きである |
| 不 喜欢 喝 威士忌 bù xǐhuan hē wēishìjì：ウイスキーを好きではない |
| 讨厌 吃 猪肉 tǎoyàn chī zhūròu：豚肉が嫌いである |
| 没 来 这儿 méi lái zhèr：ここへ来なかった |
| 没 去 那儿 méi qù nàr：そこへ行かなかった |

音読チェック✔ ☐☐☐☐☐

87 2．CDを聞いて文を書き取り、ピンインを付けなさい。

(1) 私の妹は英語とフランス語を話すことができます。

　　_____

(2) ジャックはあなたほど忙しくありません。

　　_____

(3) あなたは私の名前を覚えていますか。

　　_____

(4) 私の母はドイツ語を勉強して13年になります。

　　_____

(5) あなたは彼らがアメリカ人だということを知っていますか。

　　_____

3．ピンインを漢字にし、日本語にしなさい。

　(1) Nǐ juéde Rìběn zěnmeyàng?

　(2) Wǒ bù zhīdao Lǐ xiānsheng zài nǎr.

　(3) Wǒ gēge hēle liǎng bēi lǎojiǔ le.

　(4) Wǒ huì shuō yìdiǎnr Rìyǔ.

　(5) Nǐ wèi shénme xiǎng qù Měiguó?

4．語句を並べ替え文を作ったあとピンインを付け日本語にしなさい。

　(1) 了，在，多少，你，东京，住了，年，？

　(2) 用，信，能，爸爸，汉语，写，我

　(3) 菜，姐姐，做，吗，会，你，？

　(4) 觉得，难，很，希腊语，我

　(5) 能，后天，这儿，你们，来，吗，？

第12课 这是菜单。こちらがメニューでございます。
Dì shí'èr kè　Zhè shì càidān.

对话文 ①

A：这 是 菜单。 您 点 什么?
　　Zhè shì càidān.　Nín diǎn shénme?

B：这儿 的 拿手菜 是 什么?
　　Zhèr de náshǒucài shì shénme?

A：这儿 的 广东菜 很 有名。
　　Zhèr de Guǎngdōngcài hěn yǒumíng.

B：那 来 一 个 片皮乳猪，一 个 红烧明虾。
　　Nà lái yí ge piànpírǔzhū, yí ge hóngshāomíngxiā.

对话文 ②

A：您 要 什么?
　　Nín yào shénme?

B：我 要 水饺 和 蒜泥白肉。
　　Wǒ yào shuǐjiǎo hé suànníbáiròu.

A：饮料 要 什么?
　　Yǐnliào yào shénme?

B：来 三 瓶 青岛 啤酒 和 两 杯 茅台酒。
　　Lái sān píng Qīngdǎo píjiǔ hé liǎng bēi máotáijiǔ.

新出語句

◆ピンインを書き入れ、声に出してみよう。

対話文①

菜单 [ ]	メニュー
点 [ ]	注文する
拿手菜 [ ]	おすすめ料理、得意料理
广东菜 [ ]	広東料理
有名 [ ]	有名である
那 [ ]	それなら、それじゃあ
来 [ ]	よこす、持って来る
片皮乳猪 [ ]	子豚の丸焼き
红烧明虾 [ ]	車えびのうま煮

対話文②

水饺 [ ]	水ギョーザ
蒜泥白肉 [ ]	豚肉のガーリックソース炒め
饮料 [ ]	飲み物
瓶 [ ]	ビン類を数える量詞

チェックポイント

1. 注文の表現

- "来"（Lái）／"要"（Yào）＋…：…をお願いします／ください。
    (1) 来 三 碟 春卷。Lái sān dié chūnjuǎn. ＊春卷：春巻
    (2) 要 十 碟 烧卖。Yào shí dié shāomai.

★ "碟"：皿に盛られた料理を数える量詞
★ 「…を１つお願いします／ください」は、"来／要 一 个…。"でよい。
★ 注文と違う料理が来たときは、次のように言えばよい。
    (3) 这 不 是 我 点 的 菜。Zhè bú shì wǒ diǎn de cài.

2. 中華料理の主要メニュー

- 飲み物

啤酒 píjiǔ：ビール	生啤 shēngpí：生ビール
青岛啤酒 Qīngdǎo píjiǔ：チンタオビール	葡萄酒 pútaojiǔ：ワイン
老酒 lǎojiǔ：ラオチュウ	绍兴酒 shàoxīngjiǔ：紹興酒
茅台酒 máotáijiǔ：マオタイ酒	乌龙茶 wūlóngchá：ウーロン茶
茉莉花茶 mòlìhuāchá：ジャスミン茶	可乐 kělè：コーラ

- 料理

干烧虾仁 gānshāoxiārén：エビチリ	古老肉 gǔlǎoròu：酢豚
红烧肉 hóngshāoròu：豚の角煮	八宝菜 bābǎocài：八宝菜
青椒肉丝 qīngjiāoròusī：チンジャオロース	饺子 jiǎozi：ギョーザ
北京烤鸭 Běijīngkǎoyā：北京ダック	麻婆豆腐 mápódòufu：麻婆豆腐
炒饭 chǎofàn：炒飯	鱼翅汤 yúchìtāng：フカヒレスープ
小龙包 xiǎolóngbāo：ショーロンポー	担担面 dàndanmiàn：担担面

- デザート

杏仁豆腐 xìngréndòufu：杏仁豆腐	冰淇淋 bīngqílín：アイスクリーム

3. 食事に関する表現

● 飲む

(1) 干杯！ Gānbēi!　　　　　　　　　　　　　　＊干杯：乾杯する

(2) 为 大家 的 健康，干杯！ Wèi dàjiā de jiànkāng, gānbēi!

＊大家：みなさん　＊健康：健康

● 味

(1) 很 好吃。 Hěn hǎochī.

(2) 不 好吃。 Bù hǎochī.　　　　　　　　　　　　＊好吃：おいしい

● 支払い

(1) 请 结帐。 Qǐng jiézhàng.　　　　　　　　　　＊结帐：勘定を払う

(2) 小姐，买单。 Xiǎojie, mǎidān.　　　＊小姐：おねえさん　＊买单：勘定を払う

練習問題

1. 声に出して置き換え練習をしてみよう。

(1) 这 是 菜单。

| 茶碗　cháwǎn：茶碗 |
| 玻璃杯　bōlibēi：コップ |
| 咖啡杯　kāfēibēi：コーヒーカップ |
| 餐刀　cāndāo：ナイフ |
| 叉子　chāzi：フォーク |

音読チェック ✔ □□□□□

(2) 来 一 个 片皮乳猪。

両　瓶　矿泉水　liǎng píng kuàngquánshuǐ：
　　　　　　　　　　　　　ミネラルウォーター2本
三　个　红烧鲍鱼　sān ge hóngshāobàoyú：
　　　　　　　　　　　　　あわびの煮込み料理3つ
四　碗　米饭　sì wǎn mǐfàn：白ご飯4杯
五　个　上海螃蟹　wǔ ge Shànghǎipángxiè：上海ガニ5つ
六　盘　涮羊肉　liù pán shuànyángròu：羊のしゃぶしゃぶ6つ

音読チェック ✔ □□□□□

2. CDを聞いて文を書き取り、ピンインを付けなさい。

(1) 私は酢豚が食べたいけど、あなたは何が食べたいですか。

　　_____

(2) あなたはマオタイ酒を飲んだことがありますか。

　　_____

(3) 麻婆豆腐1つと紹興酒2本お願いします。

　　_____

(4) 私は生ビールを飲みます。あなたは？

　　_____

(5) 私は坦坦面が好きではありません。

　　_____

3．ピンインを漢字にし、日本語にしなさい。

(1) Zhè shì shénme cài?

_____

(2) Nín yào wēishìjì háishi pútaojiǔ?

_____

(3) Nǐ xǐhuan chī xiǎolóngbāo ma?

_____

(4) Nǐmen de náshǒucài shì shénme?

_____

(5) Yào sān ge bābǎocài, yí ge kělè.

_____

4．語句を並べ替え文を作ったあとピンインを付け日本語にしなさい。

(1) 做，菜，这个，怎么，？

_____

(2) 喝，喝，你，不，绍兴酒，？

_____

(3) 喜欢，国，你，哪，菜，？

_____

(4) 四川菜，吗，这儿，有名，的，？

_____

(5) 喜欢，比，老酒，日本人，中国人，喝

_____

第13课 您要买什么？ 何をお求めですか？
Dì shísān kè　Nín yào mǎi shénme?

对话文 ①

A：欢迎 光临。您 要 买 什么?
　　Huānyíng guānglín. Nín yào mǎi shénme?

B：我 想 要 茄克衫。
　　Wǒ xiǎng yào jiākèshān.

A：这 件 红色 的 怎么样?
　　Zhè jiàn hóngsè de zěnmeyàng?

B：多少 钱?
　　Duōshao qián?

A：九十八 块 钱。
　　Jiǔshíbā kuài qián.

对话文 ②

A：这个 多少 钱?
　　Zhège duōshao qián?

B：五百七十 块 钱。
　　Wǔbǎiqīshí kuài qián.

A：太 贵 了。能 便宜 一点儿 吗?
　　Tài guì le. Néng piányi yìdiǎnr ma?

B：不 能 便宜。
　　Bù néng piányi.

新出語句

◆ピンインを書き入れ、声に出してみよう。

96 対話文①

欢迎 [ ]	歓迎する
光临 [ ]	ご光臨、ご来訪
欢迎 光临 [ ]	いらっしゃいませ
要 [ ]	…したい、…しなければならない
茄克衫 [ ]	ジャケット
红色 [ ]	赤
块 [ ]	元（通貨単位） 後に"钱"を伴うことが多い。
钱 [ ]	貨幣 "三 块 钱"：3元の金

97 対話文②

太…了 […]	あまりにも…すぎる、 かなり…である
贵 [ ]	（値段が）高い
能 [ ]	…になる（後に形容詞を従える）
便宜 [ ]	（値段が）安い

チェックポイント

1. "要"（yào）：…したい、…しなければならない（欲求、義務を表す助動詞）

- …したい（欲求）
  - (1) 我 要 学 滑雪。Wǒ yào xué huáxuě.　　＊滑雪：スキーをする
  - (2) 你 要 去 买 东西 吗? Nǐ yào qù mǎi dōngxi ma?

★ 否定形には"要"は用いない。通例"不 想"、"不 愿意"（bú yuànyi）が使われる。

＊愿意：…したい（助動詞）

- …しなければならない（義務）
  - (1) 你们 要 好好儿 学习。Nǐmen yào hǎohāor xuéxí.

＊好好儿：一生懸命に

★ 否定形には"要"は用いない。助動詞の"不用"（búyòng）を用い、「…する必要はない」という意味を表す。

★ 助動詞の"不要"（búyào）は、「…するな」という禁止の意味を表す。
  - (2) 不要 坐 在 这儿。Búyào zuò zài zhèr.

2. 色彩語

黑色 hēisè：黒	白色 báisè：白	黄色 huángsè：黄
绿色 lǜsè：緑	蓝色 lánsè：青	灰色 huīsè：灰色
金色 jīnsè：金	银色 yínsè：銀	紫色 zǐsè：紫
橙色 chéngsè：オレンジ	粉红色 fěnhóngsè：ピンク	茶色 chásè：茶色
米黄色 mǐhuángsè：ベージュ		透明 tòumíng：透明

3. "一点儿" (yìdiǎnr)：ちょっと、少し

- 形容詞＋"一点儿"：[中立な] ちょっと（少し）…である
  这个 大 一点儿。Zhège dà yìdiǎnr.

- "有点儿" (yǒudiǎnr)＋形容詞：[好ましくない] ちょっと（少し）…である
  (1) 这个 有点儿 大。Zhège yǒudiǎnr dà.

★ 「ちょっと、少し」という意味の"有点儿"は、好ましくないニュアンスを伝える。
通例、ネガティヴな意味を表す形容詞や動詞を従える。
  (2) 我 有点儿 不 舒服。Wǒ yǒudiǎnr bù shūfu.　　＊舒服：体調がいい
  (3) 她 有点儿 没 有 食欲。Tā yǒudiǎnr méi yǒu shíyù.　　＊食欲：食欲

4. "太…了" (tài…le)：…すぎる、かなり…である

  (1) 今天 太 冷 了。Jīntiān tài lěng le.
  (2) 太 好 了！Tài hǎo le!

5. 通貨単位

中国のお金である人民元の数え方は以下の通り。
〈口語〉 元 yuán　角 jiǎo　分 fēn（１元＝10角）
〈文語〉 块 kuài　毛 máo　分 fēn（１角＝10分）

★ １元は約12円。
★ 日本円は"日元"(Rìyuán)、アメリカドルは"美元"(Měiyuán)

練習問題

1. 声に出して置き換え練習をしてみよう。

(1) 我想买<u>茄克衫</u>。

> 牛仔裤 niúzǎikù：ジーパン
> 领带 lǐngdài：ネクタイ
> T恤衫 Txùshān：Tシャツ
> 旗袍 qípáo：チャイナドレス
> 迷你裙 mínǐqún：ミニスカート

音読チェック ✔ ☐☐☐☐☐

(2) <u>这件红色的</u>怎么样？

> 这 辆 自行车 Zhè liàng zìxíngchē：この自転車
> 这 顶 帽子 Zhè dǐng màozi：この帽子
> 这 块 手表 Zhè kuài shǒubiǎo：この腕時計
> 下 星期五 Xià xīngqīwǔ：来週の金曜日
> 李 先生 Lǐ xiānsheng：李さん（候補としてあげるとき）

音読チェック ✔ ☐☐☐☐☐

2. CDを聞いて文を書き取り、ピンインを付けなさい。

(1) ひとついくらですか。

＿＿＿＿＿＿＿＿＿＿＿＿＿＿＿＿＿＿＿＿＿＿＿＿

(2) 私はあの腕時計を買います。

＿＿＿＿＿＿＿＿＿＿＿＿＿＿＿＿＿＿＿＿＿＿＿＿

(3) これは3,500元です。

＿＿＿＿＿＿＿＿＿＿＿＿＿＿＿＿＿＿＿＿＿＿＿＿

(4) このチャイナドレスは小さすぎます。

＿＿＿＿＿＿＿＿＿＿＿＿＿＿＿＿＿＿＿＿＿＿＿＿

(5) もう少し安いものはありますか。

＿＿＿＿＿＿＿＿＿＿＿＿＿＿＿＿＿＿＿＿＿＿＿＿

3．ピンインを漢字にし、日本語にしなさい。

(1) Zuò fēijī qù zěnmeyàmg?

(2) Nàge bǐ zhège guì sān yuán.

(3) Yǒu dà yìdiǎnr de ma?

(4) Nǐ xiǎng mǎi zhè tái diànnǎo ma?

(5) Nàge guì, zhège piányi.

4．語句を並べ替え文を作ったあとピンインを付け日本語にしなさい。

(1) 太，了，昨天，热

(2) 在，豆腐店，请问，哪儿，？

(3) 钱，顶，四，帽子，这，多少，？

(4) 打，不用，我，给，电话，你

(5) 件，有点儿，衣服，贵，这

索　引

※数字は初出の課を示す

【A】
爱好　àihào　趣味 …………………………… 10

【B】
吧　ba　…しましょう
　　　　（文末に置き提案・勧誘の語気を表す）… 10
八　bā　8 …………………………………… 4
八月　bāyuè　8月 …………………………… 7
把　bǎ　量詞（握り部分のある物を数える）… 5
爸爸　bàba　お父さん、父 ………………… 5
八宝菜　bābǎocài　八宝菜 ………………… 12
百货大楼　bǎihuò dàlóu　デパート ……… 6
白色　báisè　白 …………………………… 13
半　bàn　半分 ……………………………… 9
报　bào　新聞 ……………………………… 9
棒球　bàngqiú　野球 ……………………… 10
保龄球　bǎolíngqiú　ボーリング ………… 10
杯　bēi　量詞（容器単位で液体を数える）… 5
北海道　Běihǎidào　北海道 ……………… 3
北京　Běijīng　北京 ……………………… 3
北京烤鸭　Běijīngkǎoyā　北京ダック …… 6
北京人　Běijīngrén　北京出身の人 ……… 3
本　běn　量詞（書籍類を数える） ………… 5
比　bǐ　…より、…に比べて ……………… 7
遍　biàn　回 ………………………………… 2
冰淇淋　bīngqílín　アイスクリーム ……… 12
玻璃杯　bōlibēi　コップ …………………… 12
不　bù　…ではない ………………………… 1
不太　bú tài　あまり…ではない ………… 1
不谢　bú xiè　どういたしまして ………… 1

【C】
菜单　càidān　メニュー …………………… 12
餐刀　cāndāo　ナイフ …………………… 12
茶　chá　お茶 ……………………………… 2
差　chà　不足している …………………… 9
炒饭　chǎofàn　チャーハン ……………… 12
长　cháng　長い …………………………… 9
唱　chàng　歌う …………………………… 10
超市　chāoshì　スーパー ………………… 6
茶色　chásè　茶色 ………………………… 13
茶碗　cháwǎn　茶碗 ……………………… 12
叉子　chāzi　フォーク …………………… 12
橙色　chéngsè　オレンジ色 ……………… 13
吃　chī　食べる …………………………… 3
船　chuán　船 ……………………………… 6
初次　chūcì　はじめて …………………… 2
出门　chūmén　出かける ………………… 9
春卷　chūnjuǎn　春巻 …………………… 12
春天　chūntiān　春 ……………………… 10
出去　chūqu　出て行く ………………… 2
抽烟　chōu yān　タバコを吸う ………… 8
出生　chūshēng　生まれる ……………… 7
出租车　chūzūchē　タクシー …………… 9
词典　cídiǎn　辞書 ……………………… 4
从　cóng　…から（起点を表す） ……… 3

【D】
打　dǎ　①送る、放つ …………………… 8
　　　　②（遊戯などを）する ………… 10
大　dà　年長である ……………………… 7
打工　dǎgōng　アルバイトをする ……… 8
大后天　dàhòutiān　しあさって ………… 8
大家　dàjiā　みんな ……………………… 12
担担面　dàndanmiàn　タンタンメン …… 12
当　dāng　…になる ……………………… 6
到　dào　①動作の到達を表す …………… 2
　　　　　②…まで ……………………… 9
大前天　dàqiántiān　さきおととい ……… 8
打扫　dǎsǎo　掃除する ………………… 10
打算　dǎsuan　…するつもりである …… 10
大学　dàxué　大学 ……………………… 4
大学生　dàxuéshēng　大学生 …………… 4

| 的 de …の（所有を表す）…………… 4
| 得 de …するのが～である
| 　　　　（動詞＋"得"で様態を表す）……… 10
| 等 děng 待つ …………………………… 2
| 德语 Déyǔ ドイツ語 ………………… 11
| 点 diǎn ①時（時刻を表す）…………… 9
| 　　　　②注文する…………………… 12
| 电车 diànchē 電車 …………………… 9
| 电话 diànhuà 電話 …………………… 8
| 电脑 diànnǎo パソコン ……………… 5
| 电视 diànshì テレビ ………………… 9
| 电视机 diànshìjī テレビ（受像機）… 5
| 电影 diànyǐng 映画 …………………… 8
| 电影院 diànyǐngyuàn 映画館 ………… 8
| 弟弟 dìdi 弟 …………………………… 5
| 碟 dié 量詞（皿に盛られた料理を数える）… 12
| 顶 dǐng
| 　　　量詞（帽子などてっぺんのある物を数える）… 13
| 迪斯尼乐园 Dísīnílèyuán ディズニーランド … 8
| 地铁 dìtiě 地下鉄 …………………… 9
| 地图 dìtú 地図 ……………………… 5
| 第一次 dì yī cì 初めて、第1回……… 3
| 地址 dìzhǐ 住所 ……………………… 11
| 东京 Dōngjīng 東京 ………………… 3
| 冬天 dōngtiān 冬 …………………… 10
| 东西 dōngxi 品物、物………………… 10
| 对 duì そのとおりである、正しい …… 8
| 对不起 duìbuqǐ すまないと思う、すみません … 1
| 多 duō ①多い、たくさん …………… 2
| 　　　　②どれほど、どれだけ ……… 7
| 　　　　③…過ぎ………………………… 9
| 多少 duōshao ①いくつ ……………… 8
| 　　　　②どれくらい、いくら ……… 11
| 独生女 dúshēngnǚ 一人っ子（女）、一人娘 …… 5
| 独生子 dúshēngzǐ 一人っ子（男）、一人息子 … 5

【E】

| 二 èr 2 ………………………………… 4
| 二号 èr hào 2日 ……………………… 7
| 二月 èryuè 2月 ……………………… 7
| 二十 èrshí 20 ………………………… 4
| 二十号 èrshí hào 20日 ……………… 7
| 二十一 èrshiyī 21 …………………… 4
| 二十一号 èrshiyī hào 21日 ………… 7
| 二十二 èrshi'èr 22 …………………… 4
| 二十二号 èrshi'èr hào 22日 ………… 7
| 二十三 èrshisān 23…………………… 4

【F】

| 房间 fángjiān 部屋…………………… 10
| 法语 Fǎyǔ フランス語 ……………… 10
| 非常 fēicháng 非常に、大変 ………… 1
| 飞机 fēijī 飛行機 …………………… 3
| 分 fēn ①分 …………………………… 9
| 　　　　②角（貨幣単位）の10分の1 …… 13
| 粉红色 fěnhóngsè ピンク …………… 13
| 分钟 fēnzhōng 分間（時間の単位）…… 9
| 父亲 fùqin 父親 ……………………… 5

【G】

| 干 gàn …する ……………………… 10
| 干杯 gānbēi 乾杯する ……………… 12
| 钢琴 gāngqín ピアノ ………………… 10
| 干烧虾仁 gānshāoxiārén エビチリ … 12
| 高尔夫球 gāo'ěrfūqiú ゴルフ ……… 10
| 高尔夫球场 gāo'ěrfūqiúchǎng ゴルフ場 ……… 8
| 高兴 gāoxìng うれしい ……………… 1
| 个 ge 量詞（人、物などを数える）…… 5
| 歌 gē 歌……………………………… 10
| 哥哥 gēge 兄 ………………………… 5
| 给 gěi …に ………………………… 8
| 公共汽车 gōnggòng qìchē バス …… 9
| 公司 gōngsī 会社 …………………… 5
| 公司职员 gōngsī zhíyuán 会社員 …… 4
| 公务员 gōngwùyuán 公務員 ………… 4
| 工作 gōngzuò ①仕事 ………………… 1
| 　　　　②仕事する、働く ………… 6
| 狗 gǒu 犬 …………………………… 5
| 广东菜 Guǎngdōngcài 広東料理 …… 12
| 光临 guānglín ご光臨、ご来訪 …… 13
| 关系 guānxi 関係 …………………… 1
| 关照 guānzhào 面倒をみる ………… 2
| 古典音乐 gǔdiǎnyīnyuè クラシック … 10
| 贵 guì （値段が）高い ……………… 13
| 贵姓 guìxìng お名前、ご芳名 ……… 2

古老肉 gǔlǎoròu 酢豚	12
过 guo …したことがある	
（動詞＋"过"で経験を表す）	3

【H】

还是 háishi それとも、あるいは	6
孩子 háizi 子供	5
韩国人 Hánguórén 韓国人	3
汉语 Hànyǔ 中国語	6
好 hǎo よい、元気である	1
号 hào 日にち	7
好吃 hǎochī （食べて）おいしい	12
好好儿 hǎohāor 一生懸命に	13
号码 hàomǎ 番号	8
喝 hē 飲む	2
和 hé …と	5
黑色 hēisè 黒	13
很 hěn	
とても、大変（強勢を置いて発音するとき）	1
横滨 Héngbīn 横浜	3
红茶 hóngchá 紅茶	5
红色 hóngsè 赤	13
红烧鲍鱼 hóngshāobàoyú あわびの煮込み	12
红烧明虾 hóngshāomíngxiā 車えびのうま煮	12
红烧肉 hóngshāoròu 豚の角煮	12
后年 hòunián 再来年	8
后天 hòutiān あさって	8
黄色 huángsè 黄色	13
欢迎 huānyíng 歓迎する	13
欢迎 光临 huānyíng guānglín	
いらっしゃいませ	13
滑雪 huáxuě スキーをする	13
会 huì （習得して）…できる、分かる	11
回 家 huí jiā 家に帰る、帰宅する	9
回来 huílái 帰って来る、戻って来る	3
灰色 huīsè	13
回头 huítóu しばらくして	1
火车 huǒchē 列車	9
护士 hùshi 看護師	4

【J】

几 jǐ いくつの	4
家 jiā 家	5
件 jiàn 量詞（荷物、衣服などを数える）	5
见 jiàn 会う	1
茄克衫 jiākèshān	13
加拿大 Jiānádà カナダ	6
健康 jiànkāng 健康	12
见面 jiànmiàn 会う	2
角 jiǎo 貨幣単位（"元"の10分の1）	13
叫 jiào （名前は）…と言う	2
饺子 jiǎozi ギョーザ	12
结婚 jiéhūn 結婚する	8
记得 jìde 覚えている	11
姐姐 jiějie 姉	5
结帐 jiézhàng 勘定を支払う	12
进 jìn 入る	2
京都 Jīngdū 京都	3
经济学 jīngjìxué 経済学	4
京剧 jīngjù 京劇	3
进来 jìnlai 入って来る	2
今年 jīnnián 今年	7
今晚 jīnwǎn 今晩	10
金色 jīnsè 金色	13
今天 jīntiān 今日	1
经营管理学 jīngyíngguǎnlǐxué 経営学	4
紧张 jǐnzhāng 忙しい	1
九 jiǔ 9	4
九月 jiǔyuè 9月	7
九十九 jiǔshijiǔ 99	4
觉得 juéde 思う、考える	11

【K】

咖啡 kāfēi コーヒー	6
咖啡杯 kāfēibēi コーヒーカップ	12
开车 kāichē （車を）運転する	11
开朗 kāilǎng おおらかである	1
卡拉OK kǎlāOK カラオケ	10
看 kàn ①見る	2
②読む	9
刻 kè 15分間	9
可乐 kělè コーラ	12
客气 kèqi 遠慮する	1
瞌睡 kēshuì 居眠り	10
可以 kěyǐ …してもよい、できる	8

索　引

95

空姐 kōngjiě フライトアテンダント ……… 6	忙 máng 忙しい …………………………… 1
口 kǒu 量詞（人を数える）…………… 5	慢走 mànzǒu 気をつけて（お帰りください）… 2
块 kuài	贸易 公司 màoyì gōngsī 貿易会社 ……… 6
①元（貨幣単位）"元"yuánの口語表現 … 13	帽子 màozi 帽子 ……………………… 4
②量詞（塊状の物を数える）……… 13	麻婆豆腐 mápódòufu マーボー豆腐 ……… 12
快 kuài 速い ……………………………… 10	茅台酒 máotáijiǔ マオタイ酒 …………… 12
快餐店 kuàicāndiàn ファーストフード店 ……… 6	没 méi …ではない …………………… 1
矿泉水 kuàngquánshuǐ ミネラルウォーター… 12	没 关系 méi guānxi 何でもない、大丈夫 …… 1
【L】	美国 Měiguó アメリカ ………………… 6
拉 lā（主に弦楽器を）弾く、演奏する …… 10	美国人 Měiguórén アメリカ人 ………… 3
来 lái ①来る ………………………… 3	妹妹 mèimei 妹 ………………………… 5
②よこす、持って来る ………… 12	每天 měitiān 毎日 ……………………… 9
蓝色 lánsè 青 …………………………… 13	美元 Měiyuán アメリカドル …………… 13
老酒 lǎojiǔ ラオチュウ ………………… 12	闷热 mēnrè 蒸し暑い ………………… 1
老实 lǎoshi おとなしい ……………… 1	米饭 mǐfàn 白ご飯 ……………………… 12
了 le	米黄色 mǐhuángsè ベージュ …………… 13
①（文末に置き）新しい事態の発生を表す … 7	明白 míngbai 分かる、理解する ……… 11
②（動詞の後に置き）動作の完了を表す … 11	名古屋 Mínggǔwū 名古屋 ……………… 3
冷 lěng 寒い …………………………… 1	明年 míngnián 来年 …………………… 7
两 liǎng 2 ……………………………… 5	明天 míngtiān 明日 …………………… 1
辆 liàng 量詞（車を数える）…………… 13	名字 míngzi 名前（フルネーム）……… 2
两千 liǎngqiān 2,000 …………………… 4	迷你裙 mínǐqún ミニスカート ………… 13
两万 liǎngwàn 20,000 …………………… 4	茉莉花茶 mòlìhuāchá ジャスミン茶 …… 12
零 líng 0 ……………………………… 4	摩托车 mótuōchē オートバイ …………… 9
领带 lǐngdài ネクタイ ………………… 5	母亲 mǔqin 母親 ……………………… 5
六 liù 6 ………………………………… 4	【N】
流利 liúlì 流暢である ………………… 10	哪 nǎ どの ……………………………… 8
留学 liúxué 留学する ………………… 6	那 nà あれ（あの）、それ（その）…… 4
六月 liùyuè 6月 ………………………… 7	哪个 nǎge どれ（どの）………………… 4
罗森 Luósēn ローソン ………………… 8	那个 nàge あれ（あの）、それ（その）… 4
骆驼 luòtuo 駱駝 ……………………… 9	哪里 nǎli どこ ………………………… 5
绿色 lǜsè 緑 …………………………… 13	那里 nàli あそこ、そこ ……………… 5
律师 lǜshī 弁護士 ……………………… 4	那么 nàme それなら、それでは ……… 12
【M】	难 nán 難しい ………………………… 1
吗 ma …か（疑問を表す）…………… 1	男朋友 nánpéngyou ボーイフレンド …… 5
马 mǎ 馬 ………………………………… 9	哪儿 nǎr どこ ………………………… 3
买单 mǎidān 勘定を払う ……………… 12	那儿 nàr あそこ、そこ ……………… 5
麦当劳 Màidāngláo マクドナルド ……… 8	拿手菜 náshǒucài おすすめ料理、得意料理… 12
买 东西 mǎi dōngxi 買物する ………… 8	哪些 nǎxiē どれら ……………………… 4
麻将 májiàng マージャン ……………… 10	那些 nàxiē あれら、あれらの ………… 4
妈妈 māma お母さん ………………… 4	那样 nàyàng あんな、そんな ………… 6

呢 ne ①…は？	1
②…している（進行を表す）	10
能 néng ①（能力があって）…できる	11
②…になる（"能"＋形容詞）	13
你 nǐ あなた	1
你好 nǐ hǎo こんにちは	1
你们 nǐmen あなたたち	1
你们好 nǐmen hǎo こんにちは（相手が複数のとき）	1
你早 nǐ zǎo おはようございます	1
您 nín あなた様（"你"の敬称）	1
年 nián 年	7
年纪 niánjí 学年	4
牛仔裤 niúzǎikù ジーパン	13
暖和 nuǎnhuo 暖かい	1
女朋友 nǚpéngyou ガールフレンド	5
女士 nǚshì …さん（女性に対して）	8

【P】

排球 páiqiú バレーボール	10
扒金宫 pájīngōng パチンコ	10
跑 pǎo 走る	10
朋友 péngyou 友達	5
片皮乳猪 piànpírǔzhū 子豚の丸焼き	12
便宜 piányi （値段が）安い	13
漂亮 piàoliang きれいである	1
啤酒 píjiǔ ビール	2
瓶 píng 量詞（ビン類を数える）	12
乒乓球 pīngpāngqiú 卓球	10
扑克 pūkè トランプ	10
葡萄酒 pútaojiǔ ワイン	12

【Q】

七 qī 7	4
七月 qīyuè 7月	7
七十七 qīshiqī 77	7
骑 qí （またいで）乗る	9
钱 qián お金	13
前年 qiánnián おととし	8
前天 qiántiān おととい	3
汽车 qìchē 車、自動車	9
起床 qǐchuáng 起きる、起床する	9

请 qǐng ①（〜に…してもらうように）頼む	2
②どうぞ…してください	2
请多关照 Qǐng duō guānzhào どうぞよろしくお願いします	2
青岛啤酒 Qīngdǎo píjiǔ チンタオビール	3
青椒肉丝 qīngjiāoròusī チンジャオロース	12
请问 qǐngwèn お尋ねします、お伺いします	2
旗袍 qípáo チャイナドレス	13
秋天 qiūtiān 秋	10
去 qù 行く	3
去年 qùnián 去年	8

【R】

热 rè 暑い	1
人 rén 人	5
认识 rènshi 見知る	2
认真 rènzhēn 真面目である	1
日本 Rìběn 日本	4
日本人 Rìběnrén 日本人	3
日语 Rìyǔ 日本語	11
日元 Rìyuán 日本円	13
肉 ròu 肉	11

【S】

三 sān 3	4
三号 sān hào 3日	7
三月 sānyuè 3月	7
三十 sānshí 30	4
三十号 sānshí hào 30日	7
三十一号 sānshiyī hào 31日	7
三十五 sānshiwǔ 35	7
三万 sānwàn 30,000	4
上 shang 上	5
上班 shàngbān 出勤する	9
上（个）星期 shàng (ge) xīngqī 先週	8
上（个）月 shàng (ge) yuè 先月	8
上海 Shànghǎi 上海	1
上海螃蟹 Shànghǎipángxiè 上海ガニ	12
上上（个）星期 shàngshàng (ge) xīngqī 先々週	8
上上（个）月 shàngshàng (ge) yuè 先々月	8
上网 shàngwǎng インターネットをする	10
上学 shàngxué 学校に通う	9

索引

97

| 烧卖 shāomai シューマイ ………… 10
| 绍兴酒 shàoxīngjiǔ 紹興酒 ………… 12
| 谁 shéi (shuí) 誰 ………… 1
| 生啤 shēngpí 生ビール ………… 12
| 生日 shēngrì 誕生日 ………… 7
| 神户 Shénhù 神戸 ………… 3
| 什么 shénme 何、何の ………… 2
| 十 shí 10 ………… 4
| 十号 shí hào 10日 ………… 7
| 十月 shíyuè 10月 ………… 7
| 十一 shíyī 11 ………… 4
| 十一号 shíyī hào 11日 ………… 7
| 十一月 shíyīyuè 11月 ………… 7
| 十二 shí'èr 12 ………… 4
| 十二月 shí'èryuè 12月 ………… 7
| 十三 shísān 13 ………… 4
| 十四 shísì 14 ………… 4
| 十九 shíjiǔ 19 ………… 7
| 是 shì …である ………… 3
| 是…的 shì…de …なのです ………… 3
| 时间 shíjiān 時間 ………… 9
| 食欲 shíyù 食欲 ………… 13
| 首都 shǒudū 首都 ………… 4
| 手机 shǒujī 携帯電話 ………… 4
| 书 shū 本 ………… 4
| 刷牙 shuāyá 歯を磨く ………… 9
| 舒服 shūfu 体調がいい ………… 13
| 水饺 shuǐjiǎo 水ギョーザ ………… 12
| 睡觉 shuìjiào 寝る ………… 9
| 涮羊肉 shuànyángròu 羊のシャブシャブ …… 12
| 说 shuō 話す ………… 2
| 数学 shùxué ………… 4
| 四 sì 4 ………… 4
| 四号 sì hào 4日 ………… 7
| 四月 sìyuè 4月 ………… 7
| 四十 sìshí 40 ………… 4
| 蒜泥白肉 suànníbáiròu
　　豚肉のガーリックソース炒め ………… 12
| 岁 suì 量詞（年齢を数える：歳） ………… 7

【T】

| 他 tā 彼 ………… 1
| 她 tā 彼女 ………… 1
| 它 tā それ ………… 1
| 他们 tāmen 彼ら ………… 1
| 她们 tāmen 彼女ら ………… 1
| 它们 tāmen それら ………… 1
| 台 tái 量詞（機械、設備を数える） ………… 5
| 太…了 tài…le あまりにも…すぎる、
　　　　　　かなり…である ………… 13
| 太极拳 tàijíquán 太極拳 ………… 10
| 弹 tán （楽器の弦、鍵を）弾く、演奏する … 10
| 踢 tī 蹴る、蹴飛ばす ………… 10
| 天 tiān 日 ………… 3
| 天气 tiānqì 天気 ………… 1
| 条 tiáo 量詞（細長い物を数える） ………… 5
| 听 tīng 聞く ………… 10
| 透明 tòumíng 透明 ………… 13
| T恤衫 Txùshān Tシャツ ………… 13
| 图书馆 túshūguǎn 図書館 ………… 5

【W】

| 外语系 wàiyǔxì 外国語学部 ………… 4
| 晚饭 wǎnfàn 夕食 ………… 9
| 网吧 wǎngbā インターネットカフェ ………… 8
| 网球 wǎngqiú テニス ………… 10
| 晚上 wǎnshang 夜、晩 ………… 1
| 晚上好 wǎnshang hǎo こんばんは ………… 1
| 喂 wèi もしもし ………… 8
| 为什么 wèi shénme なぜ、何のために …… 11
| 威士忌 wēishìjì ウイスキー ………… 11
| 文学 wénxué 文学 ………… 4
| 我 wǒ 私 ………… 1
| 我们 wǒmen 私たち ………… 1
| 五 wǔ 5 ………… 4
| 五号 wǔ hào 5日 ………… 7
| 五月 wǔyuè 5月 ………… 7
| 五十 wǔshí 50 ………… 4
| 午饭 wǔfàn 昼食 ………… 9
| 乌龙茶 wūlóngchá ウーロン茶 ………… 12

【X】

| 下（个）星期 xià (ge) xīngqī 来週 ………… 8
| 下（个）月 xià (ge) yuè 来月 ………… 8
| 想 xiǎng …したい ………… 6

先生 xiānsheng …さん（男性に対して）……… 8
现在 xiànzài 今 ……………………………… 9
小 xiǎo 年下である……………………………… 7
小姐 xiǎojie おねえさん ……………………… 12
小笼包 xiǎolóngbāo ショーロンポー ……… 12
小时 xiǎoshí 時間 ……………………………… 9
小说 xiǎoshuō 小説 …………………………… 10
夏天 xiàtiān 夏 ………………………………… 10
小提琴 xiǎotíqín バイオリン ………………… 10
下午 xiàwǔ 午後 ………………………………… 1
下午 好 xiàwǔ hǎo こんにちは …………… 1
下下（个）星期 xiàxià (ge) xīngqī 再来週 … 8
下下（个）月 xiàxià (ge) yuè 再来月 ……… 8
西班牙语 Xībānyáyǔ スペイン語 ………… 11
写 xiě 書く ……………………………………… 8
谢 xiè 感謝する ………………………………… 1
谢谢 xièxie 感謝する ………………………… 1
喜欢 xǐhuan 好きである …………………… 10
希腊语 Xīlàyǔ ギリシア語 ………………… 11
洗脸 xǐ liǎn 顔を洗う ………………………… 9
信 xìn 手紙 …………………………………… 10
姓 xìng 姓は…である ………………………… 2
行李 xíngli 荷物 ………………………………… 5
星期一 xīngqīyī 月曜日 ……………………… 8
星期二 xīngqī'èr 火曜日 ……………………… 8
星期三 xīngqīsān 水曜日 …………………… 8
星期四 xīngqīsì 木曜日 ……………………… 8
星期五 xīngqīwǔ 金曜日 …………………… 8
星期六 xīngqīliù 土曜日 ……………………… 8
星期日 xīngqīrì 日曜日 ……………………… 8
星期天 xīngqītiān 日曜日 …………………… 8
星期 几 xīngqī jǐ 何曜日 ……………………… 8
兄弟姐妹 xiōngdìjiěmèi 兄弟、兄弟姉妹…… 5
洗澡 xǐzǎo 入浴する ………………………… 9
学 xué 勉強する ……………………………… 6
学好 xuéhǎo マスターする ………………… 6
学生 xuésheng 学生 ………………………… 4
学校 xuéxiào 学校 …………………………… 4
血型 xuèxíng 血液型 ………………………… 7

【Y】

要 yào ①必要とする、要する…………… 9
②…したい、…しなければならない 13
也 yě …も ……………………………………… 2
一 yī 1 ………………………………………… 4
一 号 yī hào 1日 ……………………………… 7
一百 yìbǎi 100 ………………………………… 4
一百零一 yìbǎilíngyī 101 …………………… 4
一百一 yìbǎiyī 110 …………………………… 4
意大利 Yìdàlì イタリア……………………… 10
一点儿 yìdiǎnr ①少し（量、程度）……… 11
②少し（形容詞＋"一点儿"で、
中立のニュアンスを伝える）… 13
衣服 yīfu 服 …………………………………… 5
英国人 Yīngguórén イギリス人 …………… 3
英语 Yīngyǔ 英語 ……………………………… 1
银行 yínháng 銀行 …………………………… 6
饮料 yǐnliào 飲み物 ………………………… 12
一起 yìqǐ いっしょに ……………………… 10
以前 yǐqián 以前、これまで ………………… 3
医生 yīshēng 医者 …………………………… 4
银色 yínsè 銀色 ……………………………… 13
因为 yīnwèi …なので、だから …………… 11
音乐 yīnyuè 音楽 …………………………… 10
一千 yìqiān 1,000 …………………………… 4
一万 yíwàn 10,000 …………………………… 4
一亿 yíyì 1億 ………………………………… 4
医院 yīyuàn 病院 ……………………………… 6
一月 yīyuè 1月 ………………………………… 7
椅子 yǐzi 椅子 ………………………………… 5
用 yòng 用いる、使う ………………………… 8
有 yǒu 持つ、ある、いる …………………… 5
有点儿 yǒudiǎnr
少し（"有点儿"＋形容詞で好ましくないニュア
ンスを伝える）………………………… 13
邮局 yóujú 郵便局 …………………………… 6
有名 yǒumíng 有名である ………………… 12
愿意 yuànyi …したい ……………………… 13
鱼翅汤 yúchìtāng …………………………… 12
月 yuè 月（暦の月順）………………………… 7
羽毛球 yǔmáoqiú バドミントン…………… 10

雨伞 yǔsǎn 傘 …………………… 4	这里 zhèli ここ …………………… 5
语言学 yǔyánxué 言語学 ………… 4	这儿 zhèr ここ …………………… 5
【Z】	这些 zhèxiē これら、これらの ……… 4
在 zài	知道 zhīdao 知っている、分かる …… 11
①ある、いる ………………… 5	指教 zhǐjiào 指導する ……………… 2
②…で（"在"＋名詞で場所を表す）…… 6	中国 Zhōngguó 中国 ……………… 3
③…している（"在"＋動詞で進行を表す）… 10	中国人 Zhōngguórén 中国人 ……… 3
再见 zàijiàn さようなら …………… 1	中国菜 Zhōngguócài 中華料理 …… 6
咱们 zánmen 私たち ……………… 1	钟头 zhōngtóu 時間 ……………… 9
早 zǎo 早い …………………… 1	中药 zhōngyào 漢方薬 …………… 3
早饭 zǎofàn 朝食 ………………… 9	住 zhù 住む ……………………… 11
早上 zǎoshang 朝 ………………… 1	专业 zhuānyè 専攻 ……………… 4
早上 好 zǎoshang hǎo おはようございます…… 1	桌子 zhuōzi 机、テーブル ………… 5
杂志 zázhì 雑誌 ………………… 4	猪肉 zhūròu 豚肉 ………………… 11
怎么 zěnme どのように …………… 6	自行车 zìxíngchē 自転車 ………… 9
怎么样 zěnmeyàng どのように …… 11	最近 zuìjìn 最近 ………………… 1
张 zhāng 量詞（平らな物を数える）… 5	左右 zuǒyòu 頃、くらい ………… 9
找 zhǎo 探す …………………… 11	坐 zuò ①（乗り物に）乗る ……… 9
照相机 zhàoxiàngjī カメラ ……… 4	②座る ……………………… 2
这 zhè これ …………………… 3	做 zuò する ……………………… 6
这个 zhège これ（この）………… 4	足球 zúqiú サッカー …………… 10
这（个）星期 zhè (ge) xīngqī 今週 … 8	昨天 zuótiān きのう ……………… 3
这（个）月 zhè (ge) yuè 今月 …… 8	作业 zuòyè 宿題 ………………… 6

著者略歴

船田秀佳（ふなだ　しゅうけい）
　1956年岐阜県生まれ
　東京外国語大学外国語学部中国語学科卒業
　カリフォルニア州立大学大学院言語学科修了
　東京外国語大学大学院地域研究研究科修了
　現在、名城大学教授，英検面接委員，宝地図ナビゲーター

主要著書
『中国語通訳式勉強法』（国際語学社）
『脳を動かす言葉力』（成美堂）
『鍛えチャイナ会話力！これを中国語でどう言うの？』
『英語がわかれば中国語はできる』
『英語で覚える中国語基本単語1000』
『中学英語でペラペラ中国語』
『2週間ですぐに話せる中国語』
『3日間完成中国語検定2級直前チェック』
『3日間完成中国語検定3級直前チェック』
『3日間完成中国語検定4級直前チェック』
『3日間完成中国語検定準4級直前チェック』
『迷わず話せる英会話フレーズ集』（以上、駿河台出版社）
『英語と日本人』（英友社）
『英語感覚の磨き方』（鷹書房弓プレス）
Communicative English Grammar for Speaking and Writing（英宝社）
Drills for Listening and DictationⅠ,Ⅱ（鷹書房弓プレス）

声に出して覚える！やさしい中国語〈CD付〉

2012. 4. 1　初版発行

発行者　井　田　洋　二

発行所　〒101-0062　東京都千代田区神田駿河台3の7
　　　　電話　東京03（3291）1676　FAX 03（3291）1675
　　　　振替　00190-3-56669番
　　　　E-mail：edit@e-surugadai.com
　　　　URL：http://www.e-surugadai.com

株式会社　駿河台出版社

製版　フォレスト／印刷・製本　三友印刷

ISBN 978-4-411-03073-3 C1087 ¥2300E